울산대학교 Presidential Forum I

도전과 헌신의 리더십 스토리

UUP

■

- 2020년 03월 09일 **초판 인쇄**
- 2020년 03월 16일 **초판 발행**
- **엮은이 오연천**
- **펴낸이** 오연천
- **펴낸곳 UUP.**(울산대학교출판부) 44610 울산광역시 남구 대학로 93(무거동)
- 전화 (052)259-2488 팩스 (052)277-3011 ▪ **홈페이지** http://uup.ulsan.ac.kr
- **출판등록** 제370-1996-000001호(1996.3.13)
- ₩ 12,000

■

- 이 책은 2015~2019년에 진행된 울산대학교 프레지덴셜 포럼 강연을 정리하여 수록한 것입니다. 도서판매 수익은 울산대학교에 기부됩니다.

ISBN 978.89.7868.971.7 (03040)

책을 펴내면서

이 책은 최근 10여 년간 우리 사회에서 도전과 헌신을 통해 '가치 창출'에 기여한 분들의 체험담을 모아서 엮은 기록물이다. 다수의 리더십 관련 서적들이 리더의 성공 스토리를 부각시키는 경향이 있으나, 이 책은 변화와 혁신의 역할을 가능하게 한 동력원을 스스로 밝히고 기관의 성장과정에서 겪었던 교훈을 소개하는 데 주안점을 두었다. 자신의 취약점을 극복하며, 공동의 가치를 실현하기 위해 최선의 노력을 기울이는 자세를 사실적으로 기록했다는 점이 이 책의 특징이라고 생각한다. 이들이 가지고 있고 보여준 리더십의 본질은 특정 자연인에 귀속되는 것이 아니고 우리 공동체의 공유 자산이라고 생각한다. 그러기에 그들의 가치와 정신을 배우고, 닮으려 노력하며, 지속적으로 격려해야 한다는 취지에서 이 책을 출간하였다. 이 책은 사회에 진출한 청년들이나 미래를 준비하는 학생들의 리더십 교본으로 유익하게 활용될 수 있으리라 기대한다. 이 책의 주인공들께 거듭 감사를 드리고, 교정 작업에 혼신의 노력을 기울인 소래섭 교수와도 출판의 기쁨을 함께 나누고자 한다.

2020년 3월

엮은이 **오 연 천**

목 차

01

'Give and Take'가 아니라 'Give and Give, and Forget'이다

2015년 10월 8일 강연

KMK글로벌스포츠그룹 회장

송창근

주요 약력

1960년	대전 출생
1985년	울산대학교 기계공학과 졸업
1990년	KMK글로벌스포츠그룹 회장, 최고경영자(CEO)
2009년	인도네시아 국제 상공회의소 부회장
2010년	인도네시아 한국 신발협의회 회장
2012년	인도네시아 한인 상공회의소 회장
2015년	제14차 세계한상대회 대회장
1998년	인도네시아 대통령 표창
2011년	대한민국 국민훈장(석류장) 표창

리더십 포인트

상상력에 기반한 일관된 창의력의 발휘와 인간경영

1. '나는 나다'라는 믿음 속에서 자신의 길에 도전하려는 용기가 성취의 출발점

2. 창의적으로 생각하고 사랑하며, 몰입하여야 창의적 가치를 실현할 수 있음

3. 창의적 사고는 상상력을 통해 구체화 하고 실현시키려는 노력으로 귀결되어야 함

4. 대학시절 영어 역량 축적이 글로벌 마인드의 초석이 되었음

5. 거듭된 좌절이 나를 단련시키고 새로운 비전을 만들어내는 계기가 되었다는 긍정적·도전적 사고가 사업을 일구어내는 원동력이 되었음

6. 가치 있는 일에 대한 선택과 이를 개발할 역량을 쌓는 노력, 그리고 이 과정에서 열정과 즐거움을 스스로 창출함으로써 자신의 과업이 지속 가능할 수준에 도달하게 됨

7. 사람을 어루만지는 인간경영과, 상호교환 원리에서 벗어나 조건없는 사랑을 나눌 수 있는 인간 존중의 자세는 종업원들간 공감과 일체감 형성에 필수적임

오연천

사회는 창의적인 인재를 원한다.

몇 년 전 하버드대학과 MIT대학의 교수와 학생 700여 명을 상대로 강연할 기회가 있었습니다. 사회자가 저를 '한국에서 가장 성공한 기업인 CK'라고 소개했습니다. 그 말을 듣고 저는 이런 질문으로 강연을 시작했습니다. '성공의 의미는 무엇일까요?' '얼마큼 돈을 벌고 얼마큼 종업원을 두어야 성공일까요?' 재산과 종업원 수로 성공의 여부를 가늠할 수는 없다고 생각합니다. 제게 성공이란 자기가 세운 비전을 달성하는 것입니다. 젊었을 적 제 비전은 큰 기업을 일구는 것이 아니었습니다. 저는 음악이 좋았습니다. 큰 집을 짓고 지하에 음악실을 마련해 사랑하는 가족과 친구들이 함께 즐기는 밴드를 만드는 것이 당시의 꿈이고 비전이었습니다. 그 비전을 이루었으니 저는 성공했다고 말할 수 있습니다.

그런 경험을 바탕으로 오늘 제가 드릴 말씀은 '사회에서 필요한 대학 교육이란 무엇일까?'라는 것입니다. 영어에서 초등학교, 중학교, 고등학교를 가리키는 말은 엘리멘터리스쿨, 미들스쿨, 하이스쿨이지만 대학을 가리키는 말에는 '스쿨'이 붙지 않습니다. 왜 그런지 정확한 이유는 알 수 없지만 제가 보기에는 고등학교까지의 교육과 대학 교육이 다르기 때문에 그런 차이가 생긴 것은 아닐까 생각합니다. 스쿨은 배우는 곳입니다. 고등학교까지의 교육에서는 사회생활에 필요한 기본적인 지식을 배웁니다.

물론 대학 또한 배우는 곳입니다. 그러나 대학에서 배워야 할 것은 다릅니다. 대학에서는 지식보다 지혜를 배워야 합니다. 대학은 학생들에게 '티칭(teaching)'이 아닌 '코칭(coaching)'과 '멘토링(mentoring)'을 해줘야 합니다. 학교와 사회는 많이 다르기 때문에 고등학교까지 다니는 동안 배운 지식만으로 사회에 진입하면 충격이 있을 수 있습니다. 그러한 충격을 줄여줌으로써 사회 적응을 수월하게 해주는 것이 대학교육입니다. 그래서 저는 대학을 '트랜스포메이션 스테이지(transformation stage)', 즉 사회로 나아가기 위해 필요한 변화를 준비하는 공간이라고 정의하고 싶습니다. 교수님들뿐만 아니라 학생들도 저와 같은 관점에서 대학교육을 바라본다면 사회에서 환영받는 인재들이 배출될 것이라고 생각합니다.

3년 전에 울산대 총장님이 저희 회사에 방문하셔서 울산대 학생 5명을 인턴으로 써달라고 부탁하신 적이 있습니다. 저는 제가 원하는 인재라면 5명이 아니라 5백 명도 쓸 수 있다고 말씀드렸습니다. 제가 원하는 인재란 학력보다는 실력이 뛰어난 사람입니다. 지식을 얼마나 쌓았는지를 나타내는 것이 학력이라면, 4년 동안 수업을 비롯한 다양한 경험을 통해 자신을 이해하고 창의적으로 사고하는 능력을 갖췄는지를 나타내는 것이 실력입니다. 스펙보다는 자신이 갖춘 실력을 당당하게 드러낼 수 있는 매력을 갖춘 리더가 사회에서 인정받는 세상이 되었습니다. 그런 창의적이고 매력적인 사람이 있으면 연락을 달라고 말씀드렸습니다. 얼마 후 총장님께서 열두 명을 선발했다고 연락을 주셨습니다. 저와 우리 회사 임원들이 이곳에 와서 그 학생들을 인터뷰했습니다. 인터뷰는 영어로 진행되었고 질문은 간단했습니다. '우리 회사 KMK가 바꾸어야 할 것은 무엇인가?'라는 질문이었습니다. 인터뷰 내내 놀랐습니다. 저희 회사에 와보지도 않은 학생들이었지만 그들의 답변에서 저는 많은 것을 얻었습니다. 그들의 실력과 매력에 끌려 저는 열두 명 모두를 채용하기로 결정했습니다. 6개월의 훈련 기간을 거쳐 열두 명 중 여섯 명이 현재 저희 회사에서 근무하고 있습니다.

저희 KMK에서 스탠포드와 같은 명문대 출신을 고액 연봉에 스카우트하기는 어렵습니다. 그렇지만 잠재력이 있는 인재를 뽑아서 키워낼 수는 있습니다. 저는 이미 완성된 인재를 스카우트하는 것보다 발전 가능성이 있는 청년을 골라 인재로 양성하고 싶습니다. 도전할 수 있는 용기가 있는 것이 청년입니다. 저는 그런 용기를 가진 청년들에게 기회를 주고 싶습니다. 인도네시아 초대 대통령인 수카르노는 이렇게 말했다고 합니다. “노인은 천만 명이 있더라도 꿈만 꾸지만, 청년은 단 한 명이라도 세상을 바꿀 수 있다.” 우리 울산대학교에도 수많은 청년들이 있습니다. 그들이 세상을 바꾸겠다는 비전을 가질 수 있게 교수님들이 희망을 주시기 바랍니다. 저와 같은 선배들 또한 그들에게 희망과 비전을 주겠습니다.

저는 학생들에게 ‘나는 나다. I am who I am.’이라는 생각을 잊지 말라고 당부하고 싶습니다. 세상에는 성공한 사람도 많고 훌륭한 사람들도 많습니다. 그러나 모두가 그런 사람들과 똑같아질 수는 없습니다. 단지 그런 사람들을 보면서 영감을 얻고 자신을 성장시킬 수 있을 뿐입니다. 성공한 사람과 똑같아지려고 해서는 안 됩니다. ‘나’

는 '나' 자신이 되면 됩니다. 인도네시아에 간다고 누구나 성공할 수 있는 것은 아닙니다. 어느 곳에 있든, 어떤 분야를 전공하든 자신의 길을 스스로 개척해야 합니다. 자신에 대해서 깊이 이해하고 그런 이해를 바탕으로 자신만의 길에 도전하려는 용기가 있어야 합니다.

또 하나 학생들에게 전하고 싶은 말은 '창의하라'는 것입니다. 저는 창의적이지 않은 사람은 환영하지 않습니다. 외국에서 처음 사업을 시작하면서 제 이름을 'C. K. Song'이라고 소개했습니다. 그랬더니 외국인들이 자꾸만 'C. K.'가 무슨 뜻이냐고 물었습니다. '창근'이라고 답할 수도 있었지만 저는 좀 더 창의적인 답변을 고민했습니다. 제 이름부터 창의의 대상으로 삼았던 셈입니다. 그래서 처음에는 'Crazy Korean'의 약자이며, '미치지 않으면 성공하지 못한다'와 '나는 신발에 미처 있는 사람이다'라는 뜻이라고 설명했습니다. 두 번째로 생각해낸 것은 '창의적인 한국 사람'이라는 의미의 'Creative Korean'이란 답변이었습니다. 세 번째는 인도네시아 사람들을 위해 만들어낸 답변으로, '종업원을 사랑하는 사람'이라는 의미의 '찐따 까레와얀'입니다. 저는 창의적인 생각을 통해 제 이름에서 '미쳐라', '창의적로 생각하라', '사랑하라'라는 세 가지 키워드를 발견해냈습니다. 그리고 그것은 제 인생의 좌우명이 되었습니다.

대학에서도 창의하는 방법을 가르쳐야 합니다. '창의합시다'라는 말만으로 창의적인 사람을 만들 수는 없습니다. 저희 회사에서도 유명한 분을 초청해 매월 포럼을 엽니다. 그런 포럼을 통해서 창의하는 방법을 가르칩니다. 또 직원들끼리 창의하는 방법에 관해 토론하고 발표할 기회를 주고 상을 주어 격려하기도 합니다. 창의적으로 생각한다는 것은 'what if'라고 생각하는 것, 즉 실제로 일어나지 않은 상황에 대해 생각해보는 것입니다. 지금 제 앞에 꽃이 놓여 있습니다. 여기에 꽃이 놓여 있다는 것만 생각해서는 창의적인 생각이 나오지 않습니다. 반대로 여기 있는 꽃을 보고서도 여기에 꽃이 없다면 어떻게 될까, 혹은 꽃 대신 무엇이 놓여 있을까를 생각하는 것이 바로 창의적인 사고입니다.

창의하는 첫 번째 단계는 'imagination', 즉 상상하는 것입니다. 자신의 비전과 꿈에 대해 상상해야 합니다. '졸업하고 십 년 후에 무엇을 하고 있을까?'라고 상상해보아야 합니다. 그러나 상상만 해서는 꿈을 실현할 수 없습니다. 창의적인 생각으로 이어지지 않습니다. 두 번째 단계인 'specification', 즉 구체화로 나아가야 합니다. 이 단계에서는 자신이 상상한 내용을 구체적인 그림으로 그려내야 합니다. 그래야만 상상이 혼자만의 공상에 머물지 않고 실현될 가능성을 얻게 됩니다. 세 번째 단계는 'presentation', 즉 구체화된 내용을 주위에 알리고 조언을 구하는 것입니다.

이 단계에 필요한 것이 전문가의 '코칭'과 '멘토링'입니다. 마지막 네 번째 단계는 'materialization', 즉 상상했던 것을 실현시키는 현실화입니다. 창업하고 상품을 만들어내는 현실화 단계에서는 돈이 필요합니다. 그러나 돈이 없어도 얼마든지 가능합니다. 저도 달랑 300불에 사업을 시작했습니다. 요즘에는 가치 있는 곳, 성공 가능성이 있는 곳에 투자하려는 자금이 얼마든지 있습니다. 창의적이고 현실화 가능성이 있는 사업이라면 얼마든지 투자를 받을 수 있습니다.

저는 요즘 인도네시아에 새로운 공장을 짓고 있습니다. 그 공장은 인도네시아에서는 최초로 에어컨이 없는 공장입니다. 열대지방에서 에어컨이 없는 공장을 지으려는 시도는 물에 관한 창의적인 발상에서 비롯되었습니다. 지하의 물 온도는 지상과 다를 것이라는 상상이 출발점이었고, 상상은 구체화와 프레젠테이션의 단계를 거쳐 현실

조코위 인도네시아 대통령에게 생산 현장을 안내하고 있는 송창근 회장

화되고 있습니다. 에어컨이 없이도 시원한 공장을 짓겠다는 꿈이 실현되고 있는 것입니다. 성공은 꿈과 비전을 실현하는 것이고, 꿈과 비전을 실현하기 위해서는 창의적인 사람이 되어야 합니다. 대학교육을 통해, 그리고 제가 소개한 창의법을 통해 울산대학교 학생들이 창의적인 인재로 성장하기를 기대합니다.

질의 응답

Q.

강연을 듣는 동안 생각을 개념화하고 표현하는 능력이 인상적이었습니다. 그러한 언어적 역량이 미국인이나 인도네시아인과의 소통 과정에서 신뢰를 구축하는 데에도 영향을 미쳤을 것이라 생각합니다. 어떤 경험이나 훈련을 통해 그런 역량을 갖추게 되셨는지 궁금합니다.

A.

저는 울산공대를 졸업했지만, 대학에 입학할 때까지도 울산공대를 잘 몰랐습니다. 저는 충남고등학교에 다녔는데 공부를 잘 해서 서울대 진학을 꿈꾸고 있었습니다. 그런데 대학입학시험을 일주일 앞두고 아버님이 돌아가셨습니다. 당시에는 장례를 5일장으로 치렀습니다. 아버님 장례식이었으니 5일 내내 거의 잠을 잘 수 없었습니다. 당연히 시험 결과도 좋지 못해서 원하는 대학에 갈 수 없는 처지가 되었습니다. 낙심하고 있던 그때 저희 형님이 현대에서 지원하는 울산공대가 좋다며 추천을 하셨습니다. 형님은 울산공대에서도 커트라인이 제일 높은 기계공학과를 추천하셨고, 저는 형님의 말을 따랐습니다.

하지만 제가 원하던 대학도 전공도 아니어서 대학 다니는 동안 성적은 좋지 못했습니다. 자꾸만 기계공학과 저는 맞지 않는다는 생각이 들어서 미칠 만큼 전공에 몰입할 수가 없었습니다. 그래서 제가 좋아하고 저의 가치를 인정받을 수 있는 분야를 고민한 끝에 찾아낸 것이 음악이었습니다. 그길로 '톱니바퀴'라는 음악동아리에 들어갔습니다. 음악은 좋았지만, 동아리 생활이 순탄치는 않아서 6개월 넘게 힘들었습니다. 그러던 어느 날 우정동에 있는 소주집에서 신세타령을 하다가 미국인을 보게 되었습니다. 음악만큼 좋아하는 것이 영어였던 저는 그 사람에게 말을 걸어보았습니다. 현대중공업에 다니는 친구였고, 그 친구와 지속적으로 만나면서 외국인 친구를 여럿 사귀게 되었습니다. 외국인 친구와 영어로 대화하는 데 재미를 붙이고 나서는 수업을 마치면 무조건 방어진에 가서 미국인들과 대화를 시도했습니다. 울산이 외국인이 많은 도시라는 것이 제게는 축복이었습니다. 4년 동안 그들과 대화하면서 학교에서는 배우지못한 실전 영어를 터득할 수 있었습니다. 미국인 친구들이 제 전공을 영문학으로 생각할 만큼 실력이 늘었습니다. 졸업 후 첫 직장인 신발회사에 입사한 것도 영어 덕분이었습니다. 공대 출신이었지만 영어를 잘했기 때문에 미국인과의 인터뷰를 거쳐 당당히 무역회사에 입사할 수 있었습니다. 제 경험에 비추어보면 저는 '글로벌화'가 울산대의 강점 중의 하나가 될 수 있다고 생각합니다. 성적은 뛰어나지 않았지만 대학생활을 통해서 저는 지금 이룬 성공의 기초를 쌓았습니다. 모든 학생이 영어를 잘할 수 있는 환경을 갖춘다면 울산대의 경쟁력은 더 높아질 것이고, 제 뒤를 이을 후배도 많이 배출될 것이라 생각합니다.

아직 한 번도 만나지 못했지만, 미국의 유명한 진행자인 오프라 윈프리가 제 멘토입니다. 15년 전부터 저는 오프라 윈프리를 통해 말을 잘 한다는 것은 말을 빨리 하거나 많이 하는 것이 아니라 표현을 잘 하는 것이며, 표현을 잘 해야 메시지가 남는다는 사실을 배웠습니다. 언젠가는 제가 그를 만나서 당신이 나의 멘토라고 말할 겁니다.

Q.

살아오시는 동안 가장 심하게 좌절했던 적은 언제이며, 좌절을 어떻게 극복하셨는지 궁금합니다.

A.

저는 눈이 작습니다. 저희 가족들은 모두 눈이 큰 편인데 저만 눈이 작습니다. 어렸을 적에는 눈이 작은 것이 엄청난 좌절감의 원인이었습니다. 하루는 어머니에게 왜 저는 눈이 작으냐고 물었더니 어머님이 대답이 이랬습니다. "넌 주워온 아이다." 어느 날은 안경 대신 콘택트렌즈를 맞추러 갔는데 눈이 작아서 렌즈가 안 들어간다고 맞추지 못한 적도 있습니다. 눈이 작다는 콤플렉스 때문에 여학생만 보면 얼굴이 빨개졌습니다. 시간이 흐르고 직장생활을 할 때쯤에야 콤플렉스를 극복할 수 있었습니다. 외모가 제각각인 외국인들과 어울리면서 깨달았습니다. 멀리 보려면 눈을 찡그려야 하는데 나는 찡그리지 않아도 되는구나. 골프 칠 때도 눈을 찡그릴 필요가 없으니 얼마나 좋은가. 오래 걸리긴 했지만 사고의 전환으로 콤플렉스를 극복할 수 있었습니다.

두 번째로 좌절감을 맛본 것은 달랑 300불을 들고 사업을 시작할 때였습니다. 미국인 회사에 다닐 때 대우가 좋아서 5년 만에 아파트를 마련했습니다. 그러나 그 회사는 대우는 좋았지만 직원들에 대한 배려는 부족했습니다. 결국 회사를 떠나 사업을 해야겠다고 결심했습니다. 아파트를 팔면 사업자금도 충분해 보였습니다. 그때 마침 어떤 사람이 인도에서 사업을 같이 하자고 제안했습니다. 저는 아파트를 팔아 마련한 돈을 모두 투자해 동업을 시작했습니다. 그런데 그 사람이 벌이던 사업은 이미 부도가 난 상태였고, 결국 저는 전 재산을 날리고 말았습니다. 지금의 사업을 시작하려 공항으로 향할 때 아내가 제게 건넨 돈이 300불이었습니다. 그때 느낀 좌절감은 이루 말할 수 없었습니다.

이후 사업을 하면서도 현지인들에게 몇 번 사기를 당해 크게 좌절했습니다. 그런데 지금 돌이켜 생각해보면 그때 느낀 좌절감은 '터닝 포인트'였습니다. 언젠가 방송에 나가 '큰 호랑이가 사냥을 잘 하는 것이 아니라 배고픈 호랑이가 사냥을 더 잘 한다'라고 이야기한 적이 있습니다. 요즘도 강연할 때마다 '우리 배고픈 호랑이가 됩시다'라고 말하곤 합니다. 배가 고프면 창의적인 생각이 나옵니다. 저는 요즘도 배고픈 연습을 합니다. 지금 제 주머니에는 2만원밖에 없습니다. 집에서 신용카드를 자른 적도 여러 번입니다. 그것은 돈을 적게 쓰기 위한 방법이기도 했지만 배고픔을 느끼기 위한 연습이기도 했습니다. 저는 그러한 연습을 통해서 좌절을 이겨낼 수 있게 저를 단련시킬 수 있었습니다.

저희 회사에 불이 난 적이 있습니다. 엄청난 피해를 입었습니다. 13시간의 불에 20년의 브랜드 역사가 날아갔습니다. 13시간 타는 불을 보면서 인간이 아무리 위대하다 하더라도 재난 앞에서는 속수무책이라는 생각이 들었습니다. 아무 것도 할 수 있는 것이 없었습니다. 공장이 무너져 내리는 것을 보는 일도 마음이 아팠지만 무엇보다 걱정스러운 것은 직원들의 생계였습니다. 수천 명의 직원들이 당장 일자리를 잃게 될 신세였습니다. 저는 그때 '나를 죽이지 않을 정도의 고통은 나를 더욱 강하게 만든다.'라는 영어 속담이 떠올랐습니다. 저는 화재가 진압되자 맨 먼저 직원들을 불러 놓고 이렇게 말했습니다. "여러분 우리가 죽었나요? 불은 탔지만 우리는 살아 있습니다. 지금 일은 못하지만 우리 새로운 역사를 만듭시다. 새로 시작합시다." 그래서 새로운 공장을 지었습니다. 화재를 겪고 저와 직원들은 더욱 강해졌습니다. 우리 청년들도 좌절은 우리를 더 강하게 만들고, 좌절은 우리에게 더 많은 것을 얻을 수 있는 기회가 된다는 사실을 잊지 않았으면 좋겠습니다.

Q.

사업을 시작할 때 제일 중요한 것 중의 하나가 아이템 선정입니다. 회장님께서는 어떤 이유로 신발 제조업을 선택하셨는지 궁금합니다. 창업하려는 젊은이들이 아이템을 선정하는 방법에 대해서도 조언해주시기 바랍니다.

A.

처음부터 사업에 뜻이 있었던 것은 아닙니다. 대학을 다니는 동안 여러 직종에 도전했습니다. 기자 시험에 응시하고 국정원에도 지원하고 외무고시에도 도전했지만 모두 실패했습니다. 그러던 차에 아내가 나이키 회사에서 사람을 구한다는 말을 전했습니다. 확인해 보았더니 나이키가 아니라 나이키 신발을 만드는 공장이었습니다. 찾아가 인터뷰를 했더니 몇 시간 지나지 않아 채용이 되었다고 연락이 와서 신발과 인연을 맺게 되었습니다.

아이템 선정은 중요합니다. 아이템을 선정할 때뿐만 아니라 사업을 하다보면 수많은 판단과 선택의 순간에 맞닥뜨리게 됩니다. 그런 때마다 저는 다섯 가지 사항을 고려합니다. 첫 번째는 가치(value)입니다. 이 일이 돈이 되느냐가 아니라 돈 말고도 이 일이 어떤 가치를 얼마나 창출할 수 있는가 하는 것을 고려해야 합니다. 두 번째는 역량(competence)입니다. 내가 남들보다 이 일을 잘 할 수 있을지 따져보아야 합니다. 이미 잘 되고 있는 아이템을 따라 갈 것이 아니라 자기가 잘 할 수 있는 일, 남들보다 더 나은 결과를 낼 수 있는 일을 선택해야 합니다. 세 번째는 열정(passion)입니다. 이 일을 하면서 자신이 자발적으로 열정을 쏟을 수 있을지 고려해야 합니다. 네 번째는 즐거움(fun)입니다. 이 일을 재미있게 할 수 있는지 생각해야 합니다. 저는 직원들에게 열심히 일하는 것보다 현명하게 일하는 것이 중요하고, 그보다 더 중요한 것은 재미있게 일하는 것이라고 말합니다. 어떤 일이든 재미있게 하면 자동으로 오래 하게 됩니다. 다섯 번째는 지속 가능성(sustainability)입니다. 일시적으로만 잘 되는 일보다는 꾸준하게 지속될 수 있는 일을 선택해야 합니다.

매번 결정을 내려야 할 때마다 저는 방금 이야기한 다섯 가지 사항을 고려합니다. 이번에 새로 공장을 건설하는 것도 가치가 있기 때문에 결정한 일입니다. 저는 이번 공장 신축을 통해서 회사의 브랜드 가치를 높이고 싶습니다. '신발회사'가 아니라 '신발공장'이라는 세간의 인식을 불식시키고 싶습니다. 저희 팀은 역량도 충분합니다. 에어컨이 없는 공장을 짓겠다는 열정도 있습니다. 우리가 즐겁게 오래 할 수 있는 일이기도 합니다. 이처럼 저는 매번 다섯 가지 사항을 고려해 자기진단을 합니다. 각 사항별로 점수를 매기고 종합적으로 80점이 안 되면 점수가 오를 때까지 기다립니다. 이런 시스템을 갖추면 임원들이 결정을 내리기가 수월해집니다. 결정을 내리는 시간도 단축됩니다. 이렇듯 아이템이 무엇인가보다는 그 아이템을 어떻게 선정했는가 하는 방법이 더 중요합니다.

Q.

회장님이 성공을 이룬 바탕에는 사람에 대한 신뢰와 믿음이 있다고 느꼈습니다. 그런 사례를 더 듣고 싶습니다.

A.

미국 경제 전문지 '포브스(Forbes)'와 인터뷰한 적이 있습니다. 제가 1시간쯤 늦었더니 그 사람들이 단단히 화가 났습니다. 죄송하다고 사과했는데도 화를 풀지 않고 인터뷰를 하지 않겠다고 했습니다. 인터뷰 장소를 나가려던 순간에 그 사람들 중의 하나가 이런 질문을 던졌습니다. "회장님은 사업이 무엇이라고 생각하십니까?" 저는 주저 없이 "사업은 사람이다"라고 대답했습니다. 대답을 들은 그들은 인터뷰를 하겠다고 태도를 바꿨습니다.

사업은 사람입니다. 사람에게 잘해주면 결국 버림을 받는다는 말이 있습니다. 잘해주기만 하면 버릇이 없어지고 기어오르려 한다는 말도 합니다. 그러나 다 주면 괜찮습니다. 덜 주기 때문에 그런 일이 생깁니다. 저는 '기브 앤 테이크(give and take)'라는 논리를 깬 사람입니다. 저희 회사는 병원을 운영합니다. 환자 수가 7만 명인데 모두 무료입니다. 한국에 저희와 같은 대기업

구내식당을 찾아 종업원들을 격려하고 있는 송창근 회장

이 있는지 모르겠습니다. 그 많은 환자를 무료로 치료해주면 회사가 망할 것처럼 보일 것입니다. 그러나 망하지 않습니다. 오히려 흑자가 더 많이 나고 더 성장하고 있습니다. 착하게 사는 것은 손해 보는 것처럼 보입니다. 너무 착하면 무시당한다는 말도 있습니다. 아닙니다. 착하게 살면 손해를 보는 게 아니라 옆에서 봅니다. 저는 제가 묵었던 호텔에서 나올 때마다 팁과 함께 제가 신었던 신발도 놓고 나옵니다. 청소하시는 분께 드린다는 메모도 남겨 놓습니다. 제 방을 청소하시는 분은 제 선물에 기분이 좋아질 겁니다. 저도 물론 기분이 좋습니다. 그런 조그만 선행이 착한 사람을 늘어나게 하고, 착한 삶이 늘어날수록 저한테는 다 복이 됩니다.

종업원들이 더 달라고 하는 이유는 조금만 주기 때문입니다. 그런데 다 가져가라고 하면 더 가져가지 않습니다. 오히려 울음을 터뜨립니다. 저는 그것이 사람의 마음을 어루만지는 경영이라고 생각합니다. 18년 전에 스탠포드 대학에서 조직의 논리에 대해 강의를 들은 적이 있습니다. 어느 조직이든 22%의 구성원은 충성도가 높다고 합니다. 나머지 78%의 구성원은 대충대충 출퇴근만 할 뿐이고, 그 중에서 20%는 항상 떠날 준비를 하고 있다는 내용이었습니다. 그 강의를 들으면서 저는 20%와 80%를 거꾸로 만들어야겠다고 생각했습니다. 그러면 당연히 회사는 엄청나게 성장할 것입니다. 직원은 내 사람이고 내가 지켜야 할 사람들입니다. 그런 생각 끝에 만들어낸 것이 '기브 앤 테이크(give and take)'가 아닌 '기브 앤 기브(give and give)'라는 경영철학입니다.

Q.

회장님 말씀을 들으니 '9:1의 역설'이 떠올랐습니다. 열 중에 아홉을 주더라도 마지막 하나 때문에 갈등이 생긴다는 이야기입니다. 받는 사람은 마지막 하나를 받지 못해 서운해하고, 준 사람은 아홉을 주고도 배신감을 느끼기 때문입니다. 그런데 열 모두를 주는 것이 기본이라고 생각한다면 갈등이 생기지 않는다는 것이 회장님이 말한 '기브 앤 기브(give and give)'의 의미라고 해석해도 되겠습니까?

A.

맞습니다. 그런데 생각해야 할 것이 있습니다. '기브 앤 기브(give and give)'에서 주어야 할 것은 돈이 아니라 마음입니다. 마음을 주지 않고 돈을 주는 것은 뇌물입니다. 반면 마음을 주다보면 돈도 따라가는 법입니다. 회사의 초창기에 넉넉하지 않은 형편에서도 직원들을 위해 이발소와 미용실을 만들었습니다. 27년째 이어지고 있는 이발소와 미용실을 만든 것은 종업원들에게 잘해주고 싶은 제 마음 때문이었습니다. 돈을 더 주면 좋겠지만 그럴 형편은 안 되니 그렇게라도 제 마음을 표현하고 싶었습니다. 이발소를 만들어 제가 첫 번째로 머리를 깎았습니다. 회사가 만든 병원에서도 첫 번째로 진료를 받았습니다. 종업원들은 자신들과 같은 진료를 받는 저를 보면서 그들을 생각하는 제 마음을 느꼈을 것입니다.

인간은 신이 아니기 때문에 모든 걸 다 줄 수는 없습니다. 그러나 마음만은 다 줄 수 있습니다. 저는 20여 전 전부터 휴먼 터치 매니지먼트(human touch management), 즉 사람의 마음을 어루만지는 경영이라는 말을 만들어 사용하고 있습니다. 저는 휴먼 터치 매니지먼트에서 중요한 것으로 세 가지를 이야기합니다. 첫 번째는 말입니다. 처음 만나는 사람에게는 맨 먼저 말로 인사를 합니다. 말로 인사를 하고 나면 손을 내밀어 악수합니다. 그래서 두 번째로 중요한 것이 손입니다. 세 번째가 얼굴입니다. 그 사람을 대하는 표정이 중요합니다. 말, 손, 얼굴 세 가지만 잘 관리해도 인간관리에 성공합니다. 처음 만난 사람에게 바라는 것은 돈이 아니라 마음입니다.

예를 들어 보겠습니다. 저는 악수에는 도사입니다. 일 년에 수백 만 번 악수를 합니다. 악수할 때 한 손만 가볍게 맞잡고 지나가 버리면 제대로 된 터치가 이루어지 않습니다. 상대에게 호의어린 눈길을 보내면서 오른손을 먼저 내밀어 상대의 손을 맞잡습니다. 그리고 맞잡은 상대의 손에 제 왼손을 포갭니다. 그래야만 제대로 된 터치가 이루어집니다. 칭찬할 때도 한 손 엄지손가락만을 치켜드는 것이 아니라 양손 엄지를 치켜세우고 '최고야'라고 말합니다. 고개를 숙여 인사할 때도 두 손을 무릎에 대서 상대방을 대하는 정중한 마음을 표현합니다. 이렇듯 말과 손과 얼굴을 잘 이용하는 것만으로도 상대에게 신뢰를 얻고 성공에 다가갈 수 있습니다. 인간관계가 원활해지기 때문입니다. 주면 됩니다. 마음을 주면 됩니다. 마음을 주면 돈이 좀 덜 가도 괜찮습니다. 마음을 주면 다 하게 되어 있습니다.

Q.

'기브 앤 기브' 경영은 사실 쉬운 일이 아닙니다. 그런데도 그러한 경영 철학을 오랫동안 계속 실천할 수 있는 원동력은 무엇입니까?

A.

말씀드렸다시피 저는 300불로 사업을 시작했습니다. 그래서 저는 떠날 때 300불만 있으면 본전이라고 생각하며 살고 있습니다. 제 결혼반지는 저희 직원이 갖고 있습니다. 대학 다니면서 결혼할 때 맞췄던 실반지를 잃어버려서 사업이 어느 정도 궤도에 오르자 다이아몬드 반지를 새로 맞췄습니다. 그런데 어느 날 저희 회사에서 23년째 근무 중인 엘이라는 부사장이 바이어들과 일하느라 힘들어하는 모습을 보게 되었습니다. 마음이 몹시 아팠습니다. 그 친구에게 더 잘 해주고 싶은 생각이 들었습니다. 무엇을 해줄 수 있을지 생각하던 중에 반지가 보였습니다. 주저 없이 그 친구 손가락에 끼워주었습니다. 반지를 주고 나니 허전하면서도 뿌듯했습니다. 제 아내도 제 행동을 나무라지 않고 이해해 주었습니다. 사람들 눈에는 제가 반지를 잃은 것처럼 보일 것입니다. 하지만 그렇지 않습니다. 제 반지는 그 친구가 끼고 있습니다. 주인은 그 친구가 되었지만 반지는 계속 있습니다. 간혹 다른 직원들이 그 반지를 보며 질투할 때도 있습니다. 그때마다 웃으며 이야기합니다. "내가 결혼을 또 하면 그땐 너한테 줄게." 결혼반지마저 내줄 수 있는 것은 300불만 있으면 본전이라는 생각 때문입니다. 그런 생각은 저를 항상 배고픈 상태에 머무를 수 있게 합니다. 항상 처음을 생각하면서 주고 또 주고, 그리고 잊으려 합니다. 준 것을 기억하면 관계가 서먹해집니다. 주는 것, 다 나누는 것이라고 생각하면 관계는 더 깊어집니다.

살다 보면 누구나 터닝 포인트(turning point), 즉 전환점을 맞는다고 합니다. 그런데 전환점을 맞아 새로 결심을 했다가도 시간이 흐르면 다시 원래 자리로 돌아가는 경우가 많습니다. 그래서 저는 터닝보다는 극적인 전환인 티핑(tipping)을 해야 한다고 생각합니다. 티핑을 못 하면 그 자리에서 끝나고 맙니다. 저희 회사도 티핑을 세 번 정도 했습니다. 사람도 똑같이 할 수 있습니다. 요즘에는 누구나 여러 차례 위기에 직면합니다. 생각을 바꿔서 오늘 닥친 위기의 순간이 티핑 포인트라고 생각하면 위기를 기회로 만들 수 있습니다. 제가 앞서 말씀드린 바와 같이 판단과 선택의 다섯 가지 요소를 잘 고려하고 창의적으로 사고한다면 성공할 확률을 높일 수 있을 것이라 믿습니다.

Q.

인도네시아에서 사랑을 받고 경쟁력을 쌓는 것이 진정한 애국이라고 생각합니다. 반면 어떤 이들은 해외에서 성공한 기업인들이 한국에도 관심을 가져주기를 바랍니다. 회장님은 그에 대해 어떻게 생각하십니까?

A.

해외에 나가 있는 사람은 해외가 우선일 수밖에 없습니다. 그 나라에서 사업을 할 수 있게 허가를 내줬고, 그 나라 사람인 직원들이 헌신적으로 일하고 있기 때문입니다. 그래서 저는 먼저 저희 직원을 우선으로 생각합니다. 그들의 가족과 협력업체와, 회사가 위치해 있는 마을을 먼저 챙기려 합니다. 물론 저를 비롯해 해외에서 활동하는 기업인들은 고국에도 관심이 많습니다. 매년 한상대회를 개최하고 청년콘서트를 여는 것도 고국의 청년 실업을 해소하기 위해 저희가 마련한 방법 중의 하나입니다. 저희 한상들은 이번에 장학재단도 만들려 합니다. 해외에 있는 기업인들이 모두 잘 살고 있는 것은 아닙니다. 20% 정도만 형편이 좋은 편이고 나머지는 어렵습니다. 그런 분들을 돕는 것도 저희 몫입니다. 이런 일들이 더 원활해지기 위해서는 기업가들이 인정받는 풍토가 마련되어야 합니다. 기업이 망하면 수십만 명의 삶이 위기로 내몰립니다. 물론 악덕 기업인은 법적으로 제재를 가해야 하지만, 직원들을 위해 헌신하는 기업가는 존중해 줘야 합니다.

Q.

마지막으로 울산대학교 후배들에게 전하고 싶은 말이 있으면 들려주시기 바랍니다.

A.

학생들에게 전공 공부뿐만 아니라 과외활동도 열심히 하라고 말하고 싶습니다. 저는 특기가 없는 사람은 뽑지 않습니다. 레슬링을 잘 하고, 음식을 잘 하고, 꽃꽂이를 잘 하는 것 모두 특기입니다. 대학을 다니면서 특기 하나 정도는 갖춰야 합니다. 저는 음악뿐만 아니라 마술도 합니다. 마술을 한 지 30년이 넘었습니다. 마술을 하면 창의력이 생깁니다. 안 되는 것을 오랜 고민 끝에 해낼 때마다 희열을 느낍니다. 대학을 다니는 동안 한 번쯤은 자기가 좋아하는 일에 5백 시간만 투자했으면 좋겠습니다. 5백 시간을 투자하면 학교에서 제일 잘할 수 있습니다. 천 시간 투자하면 우리나라에서 제일 잘할 수 있습니다. 만 시간을 투자

하면 세계에서 최고가 될 수 있습니다. 또 앞서 말씀드렸다시피 리더가 되려면 창의적인 사람이 되어야 합니다. 성공한 CEO나 사회적으로 명망을 얻는 분들은 늘 창의적인 생각으로 살았기 때문에 그러한 위치에 도달할 수 있었습니다. 마지막으로 말씀드리고 싶은 것은 실천하는 사람이 되라는 것입니다. 실천하지 않는 리더는 성공할 수 없습니다. 제가 지금의 위치에 올 수 있었던 것도 창의적인 생각과 제가 만들어낸 경영철학을 실천할 수 있었기 때문입니다.

02

'흙수저'에서 CEO가 되기까지

2015년 11월 26일 강연

전 BNK경남은행장

손교덕

주요 약력

1960년	경상남도 창원 출생
1988년	경남대학교 경영학과 졸업
1993년	경남대학교 경영대학원 경영학석사
1978년	경남은행 입행
2007년	경남은행 녹산지점장
2008년	경남은행 영업부장
2009년	경남은행 중부본부장
2010년	경남은행 개인고객본부장
2011년	경남은행 부행장보(서울본부/자금시장본부)
2014년	경남은행장

리더십 포인트

끊임없는 자기계발과 솔선수범의 리더십

손교덕 경남은행장은 1977년 고등학교 3학년 재학 중 경남은행 수습행원으로 출발하여 2014년 경남은행장이 되었습니다. 행원으로 출발하여 경남은행장이 된 것은 손교덕 행장이 처음이었습니다. 그는 고졸신입사원에서 처음으로 행장이 되는 신화를 이룰 수 있었던 비법으로 다음의 두 가지를 이야기하고 있습니다.

1. 끊임없는 자기계발

처음 발령받은 창원지점에서는 선배들의 숙직까지 도맡아 한 달에 20일 이상 숙직을 하였습니다. 숙직 시 여유시간을 활용하여 은행 내부 규정집을 공부하기도 하고, 민법총칙, 경제학원론, 회계학 이론 등을 독학하였고, 이때 공부한 기본적인 원칙과 원리들이 이후 은행 생활을 성공적으로 이어가는 데 큰 힘이 되었다고 합니다. 이후 여의도 소재 자금부 근무 시에는 경제신문을 꼼꼼히 읽고 여러 증권사의 분석 보고서를 보며 실물경제를 이해하는 안목을 키우고자 노력하여 1997년 IMF 외환위기, 1999년 대우사태, 2002년 12월 경남은행의 공적자금 지원 사태와 같은 위기상황을 슬기롭게 헤쳐 나간 일화를 소개하고 있습니다.

2. 솔선수범

2007년 3월에는 부산 녹산지점으로 발령을 받았고, 당시 녹산지점은 신생 지점으로 예금 실적 300억, 대출실적 700억 정도로 적자상태였다고 합니다. 외교통상부가 발간한 FTA 보고서를 책으로 만들어, 한미 FTA가 타결되면 발생할 상황에 대해 설명과 함께 영업을 계속한 결과, 부임한 지 1년 10개월 만에 녹산지점을 수신액 3000억 원에 21억 원의 이익을 내는 우량 지점(연말 경영실적 평가에서 최우수상 수상)으로 탈바꿈시켰습니다. 상황을 탓하지 않고 주어진 업무에 최선을 다하며 솔선수범하는 것이 리더의 역할임을 호소하고 있습니다.

이 밖에 손 행장의 이야기 속에는 조직을 성공시키기 위해서는 창의적인 아이디어가 필요하며, 이는 원활한 소통을 통해서만 가능하다는 이야기와 경남은행이 원하는 인재상에 관한 이야기가 담겨 있습니다.

김기호 명예교수

우물에서도 별을 딸 수 있다(현실에서 이상을 이루어 낼 수 있다)

경남은행과 울산대학교는 인연이 깊습니다. 경남은행은 10년째 울산대학교의 주거래 은행을 맡고 있고 다가올 10년도 주거래 은행을 담당하게 됩니다. 울산대학교 부총장님은 경남은행 자문위원으로 활동하고 계시고, 울산대학교 졸업생 135명이 경남은행의 여러 요직에서 활약하고 있습니다. 또 경남은행과 울산대학교는 똑같이 1970년에 세상에 첫선을 보였습니다. 울산대학교 설립자이신 고 정주영 회장님은 제가 존경하는 분이기도 합니다. 정 회장님이 보여주신 불굴의 도전정신과 무에서 유를 창조하는 추진력은 은행생활에도 귀감이 되었습니다.

저를 이 자리에 불러주신 것은 말단 은행원으로 출발해 한 우물을 판 끝에 은행의 CEO에 오른 경력 때문일 것입니다. 1977년 8월 11일 고등학교 3학년 재학 중에 경남은행 수습행원이 되었습니다. 행원으로 출발해 은행장이 된 것은 경남은행에서 제가 처음입니다. 18살에 경남은행에 입행했으니 제 인생이 경남은행이라고 해도 과언이 아닙니다. 제 젊음을 오롯이 경남은행에 쏟아 부었습니다. 항상 직장을 소중하게 여겼고 경남은행에 대한 사랑을 잊지 않으려 노력했습니다. 경남은행이 지속적으로 성장하고 발전해야 저 또한 성장할 수 있다고 믿었습니다. 결혼과 자녀교육을 비롯해 남부럽지 않은 삶을 가꿀 수 있었던 것은 모두 경남은행 덕분입니다. 그래서 경남은행 후배들에게도 요즘 같은 저금리 시대에 가장 훌륭한 재테크는 훌륭한 은행원으로 인정받아 오랫동안 경남은행을 다니는 것이라고 이야기합니다. 애은심과 주인의식을 강조하는 것

도 그런 까닭입니다. 과거 15년간 경남은행은 외부에서 오신 분이 은행장을 맡았습니다. 그러다보니 15년 동안 은행의 행사가 있어도 행가를 부른 적이 없습니다. 저는 애은심과 주인의식을 고취하기 위해 은행장으로 취임한 이후 매일 아침 8시 40분에 사내방송을 통해 행가 제창을 실시하고 있습니다. 제 경험에 비추어보면 조직과 구성원의 성장과 발전을 위해 가장 중요한 것이 구성원들의 주인의식이라고 생각합니다.

오늘 저는 38년간의 은행생활에서 경험하고 깨달은 바를 두 가지로 요약해 말씀드리고자 합니다. 첫 번째 깨달음은 끊임없는 자기계발의 중요성입니다. 집안이 부유하지 못했기 때문에 저는 철이 빨리 들었습니다. 어릴 적부터 미래에 대해 준비하려 애썼고 그것은 입행하고 나서도 마찬가지였습니다. 어떻게 하면 은행원 생활을 잘 할 수 있을까, 만약 은행을 다니지 못 하게 된다면 어떻게 해야 할까 고민했습니다. 고민 끝에 저는 시간이 날 때마다 미래의 여러 가능성을 염두에 두고 몇 가지 준비를 했습니다. 당시 은행에서는 평일에는 남성 행원 두 사람이, 휴일에는 여성 행원 두 사람이 숙직을 맡았습니다. 처음 발령받은 창원지점에서 저는 숙직을 자청하기도 하고 선배들이 갑작스런 일로 숙직을 부탁하면 대신 맡기도 했습니다. 그러다보니 한 달에 20일 이상 숙직을 했습니다. 집에 들어가지 못했지만 당시 넉넉하지 못한 형편이었던 제게는 오히려 행복이었습니다. 은행에서 저녁도 주고, 겨울에도 따뜻한 방에서 잠을 잘 수 있었고, 밀린 업무도 마무리할 수 있었습니다. 게다가 미래를 위해 준비할 수 있는 시간도 확보할 수 있었습니다. 은행 업무를 빨리 익히기 위해 은행 내부 규정집을 공부했습니다. 혹시 은행에 다니지 못하게 될 때를 대비해 국가 자격증 취득도 준비했습니다. 대학에 다니지 못해 접할 수 없었던 민법총칙, 경제학원론, 회계학이론 등을 책을 통해 독학한 것도 그때입니다. 지금 생각해보면 그때의 공부는 일종의 '자기계발'이었고, 이후 은행 생활을 성공적으로 이어가는 데 큰 힘이 되었습니다.

항상 부족하다고 생각했던 탓인지 이후에도 제 나름의 자기계발은 지속되었습니다. 1995년 1월 갑작스럽게 자금부로 발령이 났습니다. 자금부는 근무처가 서울 여의도였습니다. 난생 처음으로 서울 생활을 하게 된 터라 당황스러웠습니다. 게다가 업무 또한 만만치 않았습니다. 1990년대에는 명문대 출신의 우수한 인재들이 선망하는 최고의 일자리가 증권사였습니다. 자금부의 주 업무는 국공채나 주식에 투자해 수익을 거두는 것이었기 때문에 저는 당시 최고의 인재들과 경쟁해야 하는 상황이었습니다. 그들과 경쟁하자니 자기계발을 게을리할 수 없었습니다. 우량 채권과 주식에 투자해 은행의 수익을 창출하기 위해 경제신문을 꼼꼼히 챙겨 읽고 여러 증권사에서 나오는 분석 보고서를 보며 또 다시 독학을 시작했습니다. 2002년까지 자금부에 근무하면서 1997년 IMF 외환위기와 1999년 8월 대우사태를 경험했습니다. 2002년 12월에는 경남은행이 공적자금을 지원 받는 상황도 겪었습니다. 당시 자금관리팀장이었던 저는 공적자금 지원이 알려질 경우 발생할 예금 인출 사태에 대비해 유동성 확보에 심혈을 기울였습니다. 그 결과 공적자금 지원이 결정되고 7천억 원의 예금 인출이 있었지만 무사히 막아낼 수 있었습니다. 서울에서 근무하는 동안 다시 시작했던 자기계발과 여러 경험은 지금까지 은행에서 일하는 데 커다란 보탬이 되었습니다. 저는 발령받은 곳이 맘에 들지 않더라도 불평이나 불만을 품지 않았습니다. 어려움이 닥치면 극복해야 하고, 그래야만 훌륭한 은행원이 될 수 있다는 생각으로 어떤 업무건 최선을 다하는 데에만 집중했습니다.

두 번째 깨달음은 훌륭한 리더가 되기 위해서는 솔선수범해야 한다는 것입니다. 2002년에 서울 근무를 마치고 다시 본점으로 돌아왔고 2007년 3월에는 부산시 강서구에 있는 녹산지점으로 발령을 받았습니다. 당시 녹산지점은 개설된 지 1년 6개월밖에 되지 않은 신생 지점이었습니다. 게다가 녹산에는 다른 은행 지점이 18개나 있었습니다. 이미 경쟁이 치열한 마당에 경남은행이 가장 늦게 지점을 개설하다보니 점포조차 얻기가 쉽지 않아 당시 녹산지점은 다른 은행 지점과는 달리 2층에 입주해 있었습니다. 그런 탓에 제가 두 번째 지점장으로 부임할 당시 녹산지점은 예금 실적 300억, 대출실적 700억 정도에 적자를 면치 못하고 있었습니다. 서울 여의도처럼 아무 연고도 없는 지역이었습니다. 그 지역의 기업인이나 기업의 자금담당자도 모두 부산 출신이어서 영업에 활용할 인

지역 기업과의 유대 강화를 위해 생산 현장을 방문한 손교덕 행장

맥도 전혀 없었습니다. 은행 생활을 그만둬야 할지도 모른다는 위기감이 들 정도였습니다. 하지만 저는 이전에도 그랬던 것처럼 주어진 상황에서 최선을 다하기로 마음을 먹었습니다. 지점을 살려낼 방도를 고민한 끝에 가장 늦게 진출한 은행인 만큼 다른 은행과 차별화된 마케팅이 필요하다는 결론을 내렸습니다. 당시 경제계의 가장 큰 이슈는 한미 FTA였습니다. 그렇지만 한미 FTA가 타결될 경우 개별 업종에 미치는 영향에 대한 구체적인 정보를 알고 있는 사람은 많지 않았습니다. 관련 보고서를 입수하기 위해 노력한 끝에 외교통상부에서 발간한 70쪽 분량의 보고서를 입수했습니다. 신규 거래처를 유치하기 위해 그 보고서를 책으로 만들어 지역의 기업을 일일이 방문했습니다. 사장님이 계시면 인사드리고 책을 건네며 한미 FTA가 타결되면 발생할 상황에 대해 설명 드렸습니다. 사장님이 없으면 직원들에게 맡기고 왔습니다. 그렇게 3개월 정도 제가 먼저 나서서 영업을 했더니 '경남은행 녹산지점장으로 젊은 사람이 왔는데 다른 은행 지점장이랑 다른 것 같다'라는 소문

이 돌기 시작했습니다. 소문이 나자 신규 거래처가 생기기 시작했고, 저희와 거래를 하시면서 만족하신 분들이 새로운 거래처를 소개해 주었습니다. 그 결과 부임한 지 1년 10개월이 지나자 녹산지점은 수신액 3000억 원에 21억 원의 이익을 내는 우량지점이 되었습니다. 그해 연말 경영실적 평가에서 최우수상을 받으면서 상황을 탓하지 않고 주어진 업무에 최선을 다하며 솔선수범하는 것이 리더의 역할이라는 것을 다시금 확인할 수 있었습니다.

2009년에는 녹산지점 근무를 마치고 본점 영업부장이 되었습니다. 은행원들의 소망은 지점장이 되는 것이고, 지점장의 꽃이 본점 영업부장입니다. 본점 영업부장은 특별한 흠이 없으면 임원이 되기 때문에 업무에 소극적인 경우가 많습니다. 그러나 저는 본점 영업부가 다른 지점의 모범이 되어야 한다고 생각했습니다. 제가 본점 영업부의 리더라면, 본점 영업부는 모든 지점의 리더이기 때문입니다. 본점 영업부의 거래처로는 규모가 큰 기업체가 많습니다. 그 거래처들은 규모가 크기 때문에 대개 복수의 은행과 거래합니다. 그 거래처들이 경남은행과 거래하는 비중을 높이고 신규 거래처를 확보하자고 직원들을 독려했습니다. 그렇게 30여 명의 직원과 열심히 노력한 결과 1년만에 엄청난 성과를 낼 수 있었습니다. 그 성과로 인해 경남은행에서 수여하는 최고의 상인 경영대상도 수상했습니다.

이후 여러 요직을 거쳐 마침내 은행장이 되었습니다. 은행장이 되기 전부터 항상 리더의 역할은 한발 앞선 생각과 행동으로 솔선수범하는 것이라고 생각해왔습니다. 나무라고 지시하는 것보다는 스스로 모범을 보임으로써 직원들을 이끌어왔습니다. 은행장이 된 이후에도 제 생각은 변함이 없습니다. 한발 앞서 솔선수범하는 것이 최고의 리더십이며 경남은행의 모든 리더들이 유념해야 할 핵

은행 내 소통 활성화를 위해 직원들과 함께 산행에 나선 손교덕 행장

심 가치라고 강조하고 있습니다. 은행장이 되고 나서는 직원 상호 간의 원활한 소통에도 각별히 신경 쓰고 있습니다. 은행 발전에 중요한 것은 창의적인 아이디어이며, 창의적인 아이디어는 원활한 소통을 통해서 나오기 때문입니다. 그래서 저는 주말에 행원들과 둘레길을 걸으며 이야기를 나누기도 하고, SNS와 같은 매체를 활용한 조직 내 소통 활성화에도 노력하고 있습니다.

마지막으로 은행원을 꿈꾸는 울산대학교 학생들에게 한 말씀 드리고자 합니다. 요즘은 은행에 들어오기가 예전보다 훨씬 어렵습니다. 은행고시란 말이 나올 정도입니다. 경남은행에서는 은행원이 되려는 꿈을 꾸고 열심히 준비하는 학생을 선발하려 노력하고 있습니다. 구체적으로 경남은행이 원하는 신입행원은 소통하고 공감할 수 있는 능력, 해외 진출에 대비한 외국어 능력, 새로운 아이디어를 제시하는 창의성, 지역사회에 기여하려는 의지, 고객들로부터 신뢰를 받을 수 있는 도덕성 등을 갖춘 인재입니다. 울산대학교의 많은 인재들이 경남은행과 함께 성장할 수 있기를 바라며, 울산대학교와 경남은행의 상생 협력이 더욱 굳건해지기를 기원합니다.

Q.

'우물에서도 별을 딸 수 있다'는 제목이 인상 깊었습니다. '한 우물을 판다'라고 말할 때의 우물과 바닥이라는 의미의 우물을 동시에 떠올리게 하는 제목으로 행장님의 삶을 압축하고 있는 제목입니다. 행장님 말씀을 들으니 행장님에게는 행원으로서 두 개의 전환점이 있었습니다. 첫 번째는 낯선 여의도에서 근무하면서 은행원으로서 시각을 넓히신 것이고, 두 번째는 녹산지점에서 열악한 상황을 극복한 것입니다. 대개 사람들은 마케팅이 쉬울 것이라는 생각에 연고지 배정을 희망합니다. 반면 어떤 마케팅 학자들은 연고지에서의 성과는 성과로 볼 수 없으며, 연고가 없는 곳에서 역량을 발휘하고 신뢰를 확보해 성과를 내는 것이 진정한 성과라고 말하기도 합니다. 연고가 없는 곳에서 성과를 내야 했던 두 번의 전환점에서 행장님이 염두에 두신 마음가짐은 어떤 것이었는지 궁금합니다.

A.

어린 나이에 경남은행에 입행한 것은 가정 형편 때문이었습니다. 저는 가난한 집안의 맏이였습니다. 그렇게 자라온 제가 서울로 발령을 받자 처음에는 많이 망설였습니다. 그러나 그 길이 은행이 제게 원하는 것이고, 다른 이들도 다 그렇게 하는데 저만 회피해서는 안 되겠다는 생각이 들었습니다. 여의도에서 근무하는 동안 증권사들과의 경쟁에서 뒤지지 않기 위해 부단히 노력했습니다. 낯선 업무에 적응하기 위해서는 시간을 쪼개 자기계발에 나서는 수밖에 없었습니다. 녹산지점에서도 마찬가지였습니다. 남들이 기피하는 곳일지라도 그런 곳에서 성과를 내는 것이 진정한 성과이며 은행을 성장시키는 길이라고 믿었습니다. 기틀을 충실히 닦아 제가 녹산지점을 떠나더라도 지점이 지속적으로 성장할 수 있게 만들고 싶었습니다. 두 번의 전환점을 맞아 저는 항상 기본과 원칙으로 돌아가려 애썼습니다. 쉬운 방법을 택하기보다는 기본과 원칙으로 정면 승부하는 것이 위기를 이겨내는 가장 빠른 방법이라고 생각하기 때문입니다.

Q.

끊임없이 자기계발을 지속하신 것이 인상적이었습니다. 사실 지식과 지혜는 대학을 통해서만 얻을 수 있는 것은 아닙니다. 독서와 질문을 통해서도 얼마든지 자신에게 필요한 역량을 갖출 수 있습니다. 특히 요즘처럼 취업 후에도 많은 역량이 필요한 상황에서는 더욱 그렇다고 생각합니다. 끊임없는 자기계발과 관련해 미처 못 하신 말씀이 있으면 들려주십시오.

A.

고등학교만 졸업하고 입행해 독학으로 많은 것을 배웠습니다. 하지만 그것만으로는 부족하다는 생각이 들어 은행에 다니면서 대학에도 진학했습니다. 고등학교 졸업하고 얼마 지나지 않아 대학에 진학하려 했지만, 당시에는 야간에 강좌를 개설하는 대학이 주변에 없어 뜻을 이룰 수 없었습니다. 그러다 1984년이 되어서야 야간에 강좌를 개설하는 경남대학교 경영학과에 입학할 수 있었습니다. 이미 경제와 경영에 관련된 내용들을 어느 정도 독학했던 상태여서 대학 과정을 마치는 것은 어렵지 않았습니다. 저는 내친 김에 대학원도 마쳤습니다. 대학원 과정 역시 수월하게 마칠 수 있었습니다. 경남은행에서 근무하는 동안 여러 번의 위기를 겪었습니다. 젊었을 때부터 저는 항상 저를 지켜주는 가장 든든한 '빽'은 결국 나 자신의 역량이라고 생각했습니다. 공부가 부족한 채 입행했지만 자기계발을 통해 미래를 준비하는 것이 제게는 최고의 재산이자 '빽'이었습니다. 어떤 식으로든 젊었을 때 열심히 공부해 놓으면 평생을 살아가는 재산이 된다고 생각합니다.

Q.

입행하자마자 독학하신 이유 중의 하나가 은행 일을 그만둘지도 모른다는 생각 때문이라고 말씀하셨습니다. 그러면 처음에는 은행 일을 평생 할 수 있을 거라 생각하지 않으셨던 건가요? 또 학생들 입장에서 행장님의 경험을 접하고 나면 훌륭한 분이라는 생각과 함께 '내가 행장님처럼 되기는 어렵지 않을까?'라는 의문도 들 법합니다. 평범한 사람으로서는 꿈꾸기 어려운 일들을 해내셨으니까요. 그래서 궁금합니다. 은행원으로서 성공한 것처럼 다른 부문에서도 성공했다고 생각하시는지, 혹시 인생을 돌이켜 볼 때 아쉬운 점은 무엇인가요?

A.

은행원 생활은 평생 하고 싶었습니다. 그러나 입행 초기에는 전혀 예상하지 못했던 일로 인해 은행을 그만둘 수도 있다는 두려움도 컸습니다. 그래서 자격증 취득을 위한 독학을 시작했는데, 지나고 나서 생각해보니 은행을 그만둘 경우에 대비했던 공부가 오히려 평생 은행을 떠나지 않을 수 있었던 버팀목이 되었습니다.

저는 은행일밖에 모른다는 이야기를 많이 듣습니다. 제 아내도 은행원이었습니다. 은행 일에 모든 걸 쏟아 부으면서도 화목한 가정을 이뤘으니 그 부문에서는 성공했다고 생각합니다. 다만 아쉬운 점이 있다면 남들이 누리는 여유를 누리지 못했다는 것입니다. 저는 대학생활의 낭만도 누리지 못했고 젊은 시절의 특별한 추억도 많이 만들지 못했습니다. 또 독학으로 업무와 관련된 공부는 많이 했지만, 두루두루 폭넓게 독서하며 교양을 쌓을 기회도 얻지 못했습니다. 모든 걸 다 이루기는 어려운 법인 듯합니다. 그렇더라도 주어진 상황에서 최선을 다하면서 인생의 각 시기마다 꼭 누려야 할 것들에 대한 관심도 잃지 않는 것이 인생을 풍요롭게 사는 방법이라고 생각합니다.

Q.

금융업은 신뢰가 중요합니다. 누가 더 많은 신뢰를 확보하느냐가 경쟁에서 승리하는 관건입니다. 행장님이 말씀하신 여의도와 녹산지점의 사례를 보면 행장님께는 신뢰를 확보하는 남다른 비결이 있는 것으로 보입니다. 그 비결이 궁금합니다.

A.

은행은 정말 신뢰가 중요합니다. 은행원의 3가지 기본자세로 '정확해야 한다, 신속해야 한다, 친절해야 한다'를 드는 것도 그래야만 신뢰를 얻을 수 있기 때문입니다. 신뢰를 받기 위해 가장 중요한 것은 진정성입니다. 사소한 약속이라도 반드시 지키고, 어렵고 힘들더라도 기본과 원칙을 충실히 지키면서 진정성을 담아 상대를 대해야 합니다. 그래야만 교감하고 소통할 수 있고 관계를 지속적으로 유지할 수 있습니다. 또 한 번 맺은 인연은 그 지점을 떠나더라도 소중하게 이어나가야 합니다. 은행이 신뢰를 얻기 위해서는 다른 은행과 차별화된 서비스를 제공하는 것도 중요합니다. 차별화를 위해서는 한 발 앞서는 창의적인 아이디어가 필요합니다. 그렇다고 너무 앞서 나가면 오히려 신뢰를 줄 수 없습니다. 남과 다르면서도 과하지 않은 아이디어로 마케팅을 해야 신뢰를 축적할 수 있습니다. 녹산지점에 근무할 당시 열교환기 분야에 독보적 기술을 가진 기업이 있었습니다. 설립한 지 30년 되었던 그 기업은 설립 초기 경남은행 양산지점과 거래했습니다. 그러다 양산지점에서 기업의 전망이 밝지 않다고 거래를 단절해 버리는 바람에 경남은행에 대한 인식이 좋지 않았습니다. 저보다 앞서 지점장을 하셨던 분과 그 기업의 대표는 고등학교 동창이었는데도 경남은행과는 거래를 안 했습니다. 그러나 양산지점의 전망과는 달리 그 기업은 30년 만에 엄청난 기업으로 성장했습니다. 저는 그 기업을 거래처로 유치해야겠다고 마음을 먹었습니다. 6개월간 공을 들였습니다. 저는 여러 방법을 통해 제 진정성을 전달했습니다. 자주 만나서 대화를 나누며 제가 아는 정보를 드렸습니다. 그렇게 6개월이 지나자 그 기업은 녹산지점의 고객이 되었습니다. 마케팅을 잘하려면 고객에 대한 접대도 중요합니다. 그러나 결국 중요한 것은 평소 자기계발을 통해 상대에게 필요한 정보를 제공함으로써 신뢰를 얻는 것입니다.

Q.

경남은행의 경쟁자들은 전국적 네트워크가 탄탄하고 규모가 큰 은행들입니다. 그런 은행들과 경쟁하기는 쉽지 않을 텐데, 어떻게 어려움을 극복하고 있는지 궁금합니다.

A.

작은 은행이 대형 은행과 똑같이 영업을 해서는 안 됩니다. 경남은행은 울산과 경남지역을 대표하는 은행이기 때문에 지역 은행다운 은행이 되어야 합니다. 과거 자금시장의 수요가 공급보다 초과일 때는 대기업들이 은행과 같은 간접금융을 이용했지만, 최근 공급이 수요를 초과하면서 대기업들도 회사채를 발행하는 등 직접금융을 많이 이용합니다. 대기업들의 은행 대출 수요가 줄면서 그러한 부문에서는 경쟁의 여지가 많지 않습니다. 그러다보니 요새 은행의 입장에서는 대기업보다 지역의 중견기업과 중소기업이 더 중요합니다. 다행히 울산과 경남지역에는 그러한 기업들이 많아서 경남은행은 저금리 대출을 통해 대형 은행과의 경쟁에서 우위를 확보하려 노력하고 있습니다. 또 경남은행은 금리 경쟁과 더불어 차별화된 마케팅을 통해 대형 은행과의 경쟁에서 우위를 확보해왔습니다. 지역 은행의 마케팅에서 중요한 것이 사후관리입니다. 지역 은행이 성장발전하려면 신규 거래처를 확보하는 것보다 기존 거래처를 지속적으로 유지하는 것이 먼저입니다. 거래처들이 경남은행에서 다른 은행으로 옮겨가는 이유는 사후 관리에 미흡했던 경우가 대부분입니다. 금리가 경쟁 은행보다 높더라도 사후 관리에 철저하면 거래를 유지할 수 있습니다. 그래서 자주 만나 애로 사항을 듣고 수시로 컨설팅을 하는 등 관계를 강화시키는 사후 관리에 주력하는 것이 경남은행이 지역 은행으로서 대형 은행과의 경쟁에서 우위를 확보하는 최선의 전략이라고 생각합니다.

Q.

은행장이라는 역할은 그 전에 담당하셨던 역할과는 또 다른 어려움이 있을 듯합니다. 그 어려움은 어떤 것이고 어떻게 극복하고 계신지 궁금합니다.

A.

직급이 올라갈수록 더 힘듭니다. 지점장 때보다 본부장 때가 더 힘들었고, 본부장 일보다 은행장 일이 훨씬 힘듭니다. 시간 관리도 더 철저해야 하고 개인적인 여가도 누리기 어렵습니다. 가족과 식사할 시간을 내기도 어려울 정도입니다. 그러나 힘겨운 만큼 보람찬 일이기도 합니다. 경남은행은 심각한 위기를 경험했습니다. 공적자금을 지원받았다는 것은 은행이 부도가 나 정부 돈으로 겨우 회생했다는 것을 의미합니다. 경남은행이 그런 위기를 겪어야 했던 이유는 지역 은행으로서의 역할을 망각했기 때문이라고 생각합니다. 울산과 경남이라는 유리한 영업 환경을 활용하여 지역 은행으로서의 차별성을 극대화했더라면 그러한 위기는 겪지 않아도 되었을 것입니다. 저는 은행장으로서 경남은행의 정체성을 분명히 하기 위해 노력하고 있습니다. 경남은행의 슬로건을 '고객에게 행복을 지역에는 희망을'로 정한 것도 경남은행의 정체성과 역할을 분명히 하기 위한 것입니다. 저는 경남은행이 어떠한 위기와 어려움이 있더라도 흔들리지 않는 강하고 반듯한 은행이 되기를 바랍니다. 그러기 위해서는 지역 은행으로서의 역할을 제대로 해내야 합니다. 대형 은행을 흉내 내려 하지 말고 차별화된 전략으로 승부해야 합니다. 설사 제가 은행장으로 일하는 동안 강하고 반듯한 은행을 만들지 못하더라도 그렇게 되기 위한 주춧돌이라도 놓는 것이 제 역할이라고 생각합니다. 그러한 꿈과 소명의식이 어려운 시간을 극복하는 가장 큰 힘입니다.

Q.

은행장이 되시고 '생각을 모아 이익을 넓히다'라는 의미인 '집사광익(集思廣益)'을 경영화두로 제시하셨습니다. 그런데 여러 생각을 모으다 보면 의견 충돌이 있기도 할 텐데, 어떻게 극복하고 계신지 궁금합니다. 또 요즘 '핀테크' 등으로 금융환경이 변하고 있습니다. 경남은행에서는 어떻게 준비하고 있는지 궁금합니다.

A.

'집사광익'을 경영화두로 제시한 이유는 빠르게 변화하고 있는 환경에 대응하기 위해서는 여러 사람의 지혜와 뜻을 모아야 한다고 생각했기 때문입니다. 저성장 저금리 시대에 경남은행이 고객과 함께 꾸준히 성장하기 위해서는 다양한 아이디어가 필요합니다. 그래서 저희는 기업경영팀을 만들었습니다. 기업에 방문해 애로사항을 듣고 리스크 관리도 조언하면서 상생하는 길을 모색하기 위해 노력하고 있습니다. 말씀하신 대로 여러 사람의 의견을 모으다 보면 의견충돌이 생길 수도 있습니다. 저는 직원들에게 진정한 참모는 새로운 아이디어를 생각해내고 그것을 상사에게 직언할 수 있어야 한다고 강조합니다. 자신이 생각하는 방향으로 일을 추진하다가도 더 나은 의견이 나오면 받아들일 수 있어야 합니다. 은행은 보수적인 조직입니다. 새로운 아이디어를 내고 그것을 성과로 연결시키기가 쉽지 않습니다. 그렇기 때문에 더욱더 새로운 아이디어 제시를 격려하는 문화를 정착시켜야 합니다. 그와 관련해 저는 회의 문화를 바꿔가고 있습니다. 흔히 회의는 짧을수록 좋다고 말합니다. 그러나 회의의 목적은 문제를 해결하는 데 있는 것이므로 시간은 부차적인 것입니다. 소요되는 시간보다는 문제를 해결하는 데 초점을 맞추는 문화를 정착시켜야 합니다. 또 소수만 발언을 독점하는 절간 같은 토론이 아니라 왁자지껄한 가운데 자유롭게 토론하는 문화를 정착시키기 위해서도 노력하고 있습니다.

요즘 금융업계의 관심사는 금융과 IT가 융합된 '핀테크'입니다. 인터넷은행이 설립되면 기존 은행으로서는 경쟁이 더 치열해지는 상황을 맞게 됩니다. 그러한 상황에 대응하기 위해 경남은행도 최신의 전산시스템을 도입했습니다. 비대면 채널이 활성화되는 상황에 대비하기 위해 새로운 인터넷뱅킹 시스템도 도입합니다. 시간이 걸리고 예산도 많이 소요되지만 반드시 필요한 일입니다. 그밖에도 경남은행은 새로운 금융 환경에 대응할 수 있는 여러 시스템을 갖추기 위해 노력하고 있습니다.

Q.

최근 경남은행은 경상남도의 금고담당은행 지위를 잃었습니다. 경남은행으로서는 위기가 아닐 수 없습니다. 경상남도와의 관계 회복이나 위기 극복을 위해 어떤 노력을 기울이고 있는지 궁금합니다.

A.

경남은행은 2013년에 민영화되었습니다. 당시 인수후보자는 BS금융지주, IBK기업은행, 경남상공회의소가 주축이 된 경은사랑컨소시엄이었습니다. 당시 홍준표 지사를 비롯한 경상남도 도민들은 경남은행이 지역 상공인의 품으로 돌아와야 된다며 경은사랑컨소시엄에서 인수하기를 바랐습니다. 홍 지사께서는 만약 경남은행이 경은사랑컨소시엄으로 돌아오지 않으면 경남은행이 담당하고 있는 4천억 규모의 제2금고를 해지하겠다고 공언하셨습니다. 2013년 12월 30일 BS금융지주의 인수가 확정되자 경상남도는 이듬해 1월 금고 해지를 통보했습니다. 그런 상황에서 제가 은행장으로 취임했습니다. 지역의 민심이 경남은행과 멀어져 있고 직원들 또한 실망감으로 분열되어 있는 상태였습니다. 당연히 저의 첫 번째 과제는 내부 임직원들을 단결시키고 경남은행이 다시 지역 주민들의 사랑을 받게 하는 것이었습니다. 여러 차례 지사님을 만났습니다. 그러나 지사님께서도 도민과의 약속으로 공언하신 바가 있기 때문에 해지 결정을 번복하지 않으셨습니다. 결국 저는 직원들에게 앞으로 일어날 상황에 대해 제가 모든 책임을 지겠다며 이렇게 이야기했습니다. "2000년 12월 공적자금을 지원이 결정되자 2주 만에 예금 7000억원이 인출되었는데, 그때 경남은행 자산이 7조 5천억이었다. 지금은 자산이 그때의 다섯 배인 40조 가까이 되므로 예금이 당시의 5배인 4조가 빠져나가더라도 감당할 수 있는 은행으로 성장 발전했다. 따라서 너무 혼란에 빠질 필요가 없다. 그렇지만 경상남도 금고담당은행이 되려는 노력은 지속해야 한다. 지방자치단체와 원만한 관계를 유지해야 지역 은행으로서 역할을 다할 수 있기 때문이다. 우리는 맡은 바 역할을 충실히 수행하면서 지방자치단체에 다가가려는 노력을 지속할 것이다." 이후 경상남도와의 관계를 회복하기 위해 수많은 노력을 기울였습니다. 그 결과 점차 경상남도와의 관계는 회복되고 있습니다. 다른 은행이 맡고 있는 금고 계약이 종료되는 2016년 말에는 경남은행이 다시 금고은행을 담당할 수 있도록 노력하고 있습니다. 지켜봐주시기 바라고 경남은행에 대한 관심과 애정을 부탁드립니다.

Q.

행장님의 경험은 우리 학생들에게 귀감이 되기에 충분하다고 생각합니다. 특히 요즘처럼 흙수저론, 헬조선 등의 말이 유행할 만큼 부정적 사고가 팽배한 상황에서 흙수저로서 스스로 인생을 개척하신 경험은 젊은이들이 공유할 만한 가치가 더욱 크다고 생각합니다. '오리지날 흙수저'로서 청년들이 처한 최근의 상황을 어떻게 보시는지 말씀해 주십시오.

A.

요즘 청년실업 문제가 정말 심각합니다. 제가 젊었을 때만 해도 취직이 그리 어렵지 않았지만 요즘에는 자기소개서를 80번 써도 취직이 어려울 정도라고 합니다. 저는 은행장으로서 청년 실업 문제를 해소하기 위해 제 나름대로 노력하고 있습니다. 그 중에서도 가장 신경 쓰고 있는 것이 공정한 채용입니다. 경남은행에는 채용에 관련된 청탁이 들어오지 않습니다. 은행장이 된 이후 저는 객관적이고 공정한 절차를 거쳐서 신입행원을 선발해야 한다는 점을 누누이 강조하고 있고, 실제로 경남은행의 채용과정이 공정하게 진행된다는 사실이 널리 알려졌기 때문입니다. 이른바 '금수저 흙수저' 이야기가 나오게 하지 않기 위해서는 투명하고 공정한 채용 절차를 확립하는 것이 무엇보다 중요한 일이라고 생각합니다. 청년들이 꿈과 희망을 품을 수 있게 하기 위해서는 열심히 노력하면 출신이나 배경에 관계없이 취업할 수 있다는 확신을 심어주어야 합니다. '개천에서도 용이 날 수 있다'라는 말이 아직 통할 수 있다는 믿음을 잃지 않게 해 주어야 합니다. 청년들 또한 끈기와 근성을 길러야 합니다. 과거보다 상황이 열악하다는 사실은 분명하지만, '하면 된다'는 강한 정신력을 잃어서는 안 됩니다. 정신력만으로 모든 것이 해결되는 것은 아니지만, 열악한 여건을 극복하기 위해서는 어떤 시련도 견디고 극복해내겠다는 끈기와 근성을 기르는 것이 가장 중요하다고 생각합니다.

03

연세대 '제3창학'을 이끌다

2016년 1월 14일 강연

전 연세대학교 총장

정갑영

주요 약력

1951년	전라북도 김제 출생
1975년	연세대학교 경제학과 졸업
1981년	펜실베니아대학교 경제학석사
1985년	코넬대학교 경제학박사
2014년	게이오대학교 명예 경제학박사
1986년	연세대학교 임용
1999년	연세대학교 경제연구소장
2004년	연세대학교 교무처장
2006년	연세대학교 원주캠퍼스 부총장
2012년	제17대 연세대학교 총장
1993년	매경 Economist상
2011년	제30회 다산경제학상
2011년	'2000 Outstanding Intellectuals of the 21st Century'선정(영국, IBC)
2013년	제13회 자랑스런 한국인 대상
2016년	청조근정훈장

리더십 포인트

도전, 소명의식, 공약의 리더십

정갑영 총장은 산업조직론 분야에서 탁월한 업적을 남긴 저명한 경제학자이다. 또한 연세대학교 총장 재임기간 동안 어려운 현안을 해결한 탁월한 대학행정가이다. 이 책에 수록된 다른 인물의 경우와는 달리, 정갑영의 경우 입후보시 제시한 연세대 구성원에 대한 공약과 실천과정이 논의의 중심이 된다. 프레지덴셜 포럼에서 그는 대학이 직면하고 있던 여러 난제를 자신만이 해결할 수 있다는 믿음을 가지고 총장선거에 나섰고 이를 임기 중에 만족스럽게 해결하였다고 이야기한다.

1. 도전적 선거공약 제시

(1) 레지덴셜 칼리지(residential college) 도입: 세계적 명문대학으로 도약하기 위하여 아무도 가고 싶어 하지 않는 송도캠퍼스를 기숙학교(해리 포터의 무대인 호그와트를 생각하라)인 레지덴션 칼리지로 활용한다.

(2) 백양로 재개발: 연세대의 상징인 백양로 지하를 개발하여 교통과 문화시설 공간으로 만들고 기존의 백양로는 녹지로 개발한다.

(3) 연구 수퍼스타 육성: 우수한 연구자를 넘어서 연구 분야의 수퍼스타를 육성한다.

(4) 멀티 캠퍼스(multi-campus)의 유기적 통합: 흩어져 있는 캠퍼스 간의 융합·소통을 활발하게 하여 대학을 하나의 공동체로 만든다.

2. 공약을 성공적으로 실현할 수 있었던 이유

⑴ 기독교적 소명의식과 도전정신: 독실한 크리스찬으로서 당시 연세대가 직면하고 있던 어려운 과제를 내가(나만이) 해결할 수 있다는 믿음을 가지고 과감하게 도전하였다.

⑵ 개인적 생활신념: 지키지 못할 약속은 하지 말고, 약속한 것은 성실히 수행하고, 지키지 못할 경우 책임을 진다는 그의 신념이다.

⑶ 평판과 공약의 신빙성: 소명의식과 신념에 따라 쌓아온 그의 평판(reputation)은 대학의 구성원들에게 입후보시 제시한 공약을 반드시 실현할 것이라는 믿음을 주었다.

크고 비대한 조직은 변화와 개혁에 저항하는 속성이 있다. 정갑영은 대학 내외의 저항을 극복하고 기존의 좋은 사례를 연세대라는 큰 조직에 성공적으로 정착시켰다는 점에서 높은 평가를 받을 만하다. 또한 자신의 업적을 제3의 창학이라고 부를 정도로 자부심을 가지고 있다. 정갑영의 리더십은 도전, 소명의식, 그리고 공약(믿을 수 있는 약속)의 리더십이라고 부를 수 있겠다.

이재기 교수

글로벌 명문 대학으로 가는 길

오늘 저는 연세대학교 총장으로서 그동안 추진했던 일에 대해 소개해 드리고자 합니다. 설립된 지 130년이 넘는 연세대학교는 다른 대학과 구별되는 특징이 있습니다. 그 중 첫 번째로 꼽을 수 있는 것이 대학의 규모가 크다는 것입니다. 연세대학교는 캠퍼스가 4개나 있습니다. 서울에 본교와 의료원이 있습니다. 본교와 의료원은 붙어 있지만 특성이 다르기 때문에 캠퍼스는 따로 있는 것이나 마찬가지입니다. 강원도 원주에도 캠퍼스가 있습니다. 원주캠퍼스는 재정이나 학생 수에서 우리나라 4년제 대학 200여 개 중 70번째 정도에 위치할 정도로 규모가 큰 캠퍼스입니다. 2010년부터는 송도에 국제 캠퍼스를 열었습니다. 학교 부지가 18만평으로 실제 사용하고 있는 면적이 신촌에 있는 본교와 비슷한 규모입니다. 규모로 보면 의료원은 물론이고 원주캠퍼스도 충분히 독립할 수 있는 상황이지만, 한국적인 상황에서는 연세대학교라는 우산

속에 있고 싶어 합니다. 그래서 연세대학교는 정년트랙 교수가 2천명에 이르고, 비정년과 임상교수 등 전체 교원 수가 4천여 명에 이르며, 1년 예산도 4조원이나 됩니다. 대한민국에서 제일 규모가 큰 대학이라고 할 수 있습니다. 설립 이후 130년을 이어오면서 연세대학교는 이렇게 커다란 대학으로 성장했고, 이제는 글로벌 명문대학으로 도약하려 노력하고 있습니다.

연세대학교를 글로벌 명문대학으로 도약시키기 위해 총장으로서 해야 할 일로 저는 다섯 가지를 생각했습니다. 무엇보다 대학의 고유 기능은 교육과 연구이므로, 가장 먼저 생각한 것은 교육에서 글로벌 명문대학으로서 해야 할 일이었습니다. 연세대학교는 송도 국제캠퍼스를 무척 어렵게 개발했습니다. 제가 총장으로 취임했을 때 건물이 거의 다 지어졌는데, 문제는 아무도 그 캠퍼스로 가지 않으려 하는 것이었습니다. 대학 구성원 누구도 서울에서 한 발짝도 벗어나려 하지 않았습니다. 어느 대학이 가라, 어느 전공이 가라, 다른 구성원을 떠밀기만 할 뿐이었습니다. 경제학에서 쓰는 용어인 '레몬마켓'과 같이 송도 캠퍼스는 아무도 가지 않으려 하는 캠퍼스가 되어 있었습니다. 그래서 저는 이렇게 제안했습니다. "우리가 선진 명문대학이 되려면 그들과 같은 교육체계인 '레지덴셜 칼리지 (residential college)'를 만들어야 한다. 우선 기숙사부터 짓고, 1학년 학생을 모두 거기에 보내서 글로벌 명문 교육을 실시하자." 송도 캠퍼스를 살려 글로벌 명문 교육을 실시하는 것이 제가 총장으로서 시도한 첫 번째 일이었습니다.

두 번째는 연구역량을 강화하는 것이었습니다. 저는 교수들에게 이렇게 이야기했습니다. "연세대학교는 A급 교수가 많다. A 플러스도 많다. 그런데 슈퍼스타가 적다. 그리고 대학 문화가 슈퍼스타를 받아들이는 데 적극적이지 않다. 이래서는 우리가 영원히 이 상태에서 벗어나지 못한다.” 연구와 관련된 문화를 바꿔 연세대학교가 세계적인 연구 수월성을 갖출 수 있도록 하는 것이 연구와 관련된 제 목표였습니다.

세 번째는 캠퍼스 인프라를 정비하는 것입니다. 송도의 국제캠퍼스를 개발하고 원주 캠퍼스에도 투자를 많이 했지만, 정작 신촌캠퍼스는 시설이 많이 낙후돼 있었습니다. 연세대학교 정문에서 600미터 가량 이어지는 백양로는 연세대학교의 상징입니다. 이 길로 하루에 차량이 15,000여대 정도 다닙니다. 그런데 캠퍼스 한복판을 관통해 차가 많이 다니다보니 캠퍼스가 양분되고 사고위험이 높고 환경도 좋지 않았습니다. 20년 전부터 백양로를 개발하자는 이야기가 많았지만 시행이 잘 안 되고 있었습니다. 그래서 저는 자동차는 지하로만 다니게 하고 지상은 녹지로 바꿨습니다. 지하에 여러 가지 문화시설과 국제회의시설을 비롯해 교수와 학생이 만날 수 있는 공간을 마련하는 프로젝트를 시작했습니다. 이렇게 백양로를 비롯해 경영대 등 노후한 캠퍼스 인프라를 정비하는 일 또한 총장으로서 저의 임무라고 생각했던 것이었고, 다행히 많은 어려움에도 불구하고 생각대로 완성되었습니다.

네 번째는 캠퍼스 간의 융합과 소통 활성화에 관한 것입니다. 연세대학교는 캠퍼스가 많다보니 유사하거나 동일한 연구를 하고 있는 교수끼리도 서로 모르는 경우가 있습니다. 원주와 의료원으로 나뉘어 있을 뿐 아니라, 본교와 의료원은 정말 가까이 있는데도 불구하고 장벽이 너무나 많았습니다. 그래서 캠퍼스 간 융합을 통해서 연세대학교만이 가질 수 있는 시너지 효과를 훨씬 더 높여야겠다고 생각했습니다. 특히 바이오메디컬 분야의 경우 의료원에 있

'백양로 재창조 사업'으로 차량은 사라지고 녹지와 문화공간이 조화를 이룬 백양로의 야경.

는 교수들은 임상 때문에 너무나 바빠, 임상 사례는 많은데도 불구하고 본교와의 협업은 원활하지 않았습니다. 그런 분야의 경우 캠퍼스 간 융합을 통해 연구력을 향상시키고 교육 수준을 높이려고 시도했습니다.

마지막 다섯 번째는 대학 공동체 문화를 선진화하는 것이었습니다. 연세대학교는 학교가 큰 만큼 동문과 교직원도 많기 때문에 이제 대학 공동체도 선진화된 대학문화를 가져야 된다고 생각했습니다. 연세대학교의 동문은 30만 명이나 됩니다. 그러나 한국에 있는 여느 대학과 마찬가지로 동문들이 학교에 요구하는 것은 많지만

'백양로 재창조 사업'으로 새로 조성한 공간 백양누리에 내걸린 '연세, 제3창학' 슬로건 'YONSEI, where we make *history*'

기여하는 비율은 극히 낮습니다. 저희는 최소한 동문의 10%는 대학 기부에 참여하게 만드는 캠페인을 펼쳤습니다. 동문들이 학교에 자유롭게 와서 즐길 수 있는 문화를 만들어 주려고 노력했습니다. 또 연세대학교는 미션스쿨이므로 기독교 창립정신을 살려 지역사회에 공헌할 수 있는 프로그램을 만들었습니다. 이와 관련하여 국제 캠퍼스가 있는 인천에서 시작한 것이 '연인(延仁) 프로젝트'입니다. '연인'은 연세대학교와 인천의 머리글자를 딴 것으로, 연인 프로젝트는 인천의 소외 지역 학생들에게 연세대학교 학생들이 재능기부를 하는 프로젝트입니다. 1년에 2,000명 이상 참여하고 있습니다. 국제캠퍼스를 처음 열 당시에는 연세대학교가 특혜를 받았다고 지역 여론이 좋지 않았지만, 연인 프로젝트를 실시하면서 지역 여론이 굉장히 좋아졌습니다.

이렇게 다섯 가지 일을 추진하는 과정에 많은 갈등과 저항이 있었으며 그로 인해 많이 힘들었던 것도 사실입니다. 그런데 기적과도 같이 제가 처음에 공약했던 내용들이 거의 빠진 것 없이 이루어졌습니다. 임기 4년은 길다면 길고 짧다면 짧은 기간이지만, 다행히 저희가 추진했던 것을 거의 다 성공적으로 마무리할 수 있어서 너무나 감사하게 생각하고 있습니다.

질의 응답

Q.

프레지덴셜 포럼은 어떤 그룹의 지도자가 되기까지 부딪치는 수많은 역경을 어떻게 자신의 에너지를 결집시켜 극복해냈는지를 공유하는 데 초점이 맞춰져 있습니다. 그와 관련해 첫 번째 질문을 드리고자 합니다. 총장님께서는 전북 김제에서 태어나 대학에 입학하면서 서울로 올라와 경제학을 전공하셨습니다. 당시는 유학을 선택하기 쉽지 않은 때였습니다. 학문적 길을 걷기로 선택한 동기가 무엇인지 궁금합니다. 또 모교에 교수로 부임하셔서 연구하시다 특별히 연세대학교 전체의 리더십을 위해서 헌신해야겠다는 결심을 했던 시점과 동기에 대해서도 말씀해 주시기 바랍니다.

A.

고등학교 다닐 때 문예반에 있었습니다. 가끔 소설도 쓰고 시도 썼습니다. 그래서 대학은 국문과를 가려고 했습니다. 그런데 당시는 조국 근대화나 산업화가 강조되던 시기라 국문과에 가면 평생 가난하게 산다며 주위에서 말렸습니다. 고등학교 다닐 때 제일 좋아하는 과목은 지리였습니다. 지리는 무조건 만점이어서 선생님께 칭찬을 많이 받았습니다. 국문과를 가지 않을 바에는 지리와 제일 가까운 전공을 찾자 해서 선택한 것이 경제학이었습니다.

이렇게 대학에 들어갔으니 당연히 대학 다니면서는 경제학자가 되겠다고 생각하지 않았습니다. 당시 경제학과 출신이 가장 선호하는 직장은 한국은행이었습니다. 한국은행의 대우가 정말 좋았습니다. 그래서 경제학과 졸업생이 한국은행에 몇 명 들어가느냐가 경제학과 교수의 큰 관심사였습니다. 저도 대학 다니면서 한국은행에 들어가라는 말을 많이 들었고, 그 말을 따라 한국은행에 들어갔습니다. 한국은행에 다니다 거기서 만든 연구소에 근무하게 되었는데, 연구소에 있다 보니 공부를 더 해야겠다는 생각이 들었습니다. 공부를 더 하려면 유학을 가야 했는데, 운 좋게도 경제학 분야에서 다섯 명을 선발하는 국비 유학생에 선발되었습니다. 유학을 마치고 모교 경제학부에 부임해서는 학과장이나 학장 등의 보직은 맡지 않았습니다. 연구원장만 해본 적이 있었습니다. 그러던 어느 날 경제학부 출신으로 총장이 되신 정창영 총장님으로부터 교무처장을 맡아달라는 부탁을 받았습니다. 그때 처음으로 대학 행정에 발을 들여놓게 되었습니다.

교무처장 임기를 마칠 때쯤이었습니다. 아침에 출근을 하는데 총장님이 전화로 오늘 이사회에서 결정될 것이니 원주 캠퍼스 부총장을 맡으라고 말씀하셨습니다. 너무나 갑작스런 일이었습니다. 그때 등교하느라 곁에 있던 딸아이가 원주로 가라는 말을 듣고 "아빠, 뭐 잘못한 거 있어?"라고 물을 정도였습니다. 연세대학교의 캠퍼스는 송도에 있는 국제캠퍼스를 제외하고 모두 독립회계로 운영되고 있습니다. 그러다보니 원주캠퍼스는 항상 재정이 아슬아슬했습니다. 재정이 열악한 상황에서도 연세대학교 브랜드에 대한 기대를 충족시키기 위해서 교육의 질을 유지하고 좋은 학생들을 유치하느라 어려움이 많았습니다. 갑작스레 맡은 일이었지만, 원주 캠퍼스 부총장으로 일하면서 어느 조직이든 리더십에 따라서 많은 것이 달라질 수 있다는 것을 알았습니다. 원주에 가보니 학생의 70퍼센트가 서울과 수도권 출신이었고, 통학이 어려워 기숙사에서 지내는 학생들이 많았습니다. 그런 학생들을 보면서 작지만 강한 대학을 만들기 위해 떠올린 아이디어가 레지덴셜 칼리지(residential college)였습니다. 여러모로 원주는 레지덴셜 칼리지를 운영하기에 환경이 너무 좋았습니다. 여기저기 뛰어다니며 노력한 끝에 필요한 자금을 확보해서 커다란 기숙사를 짓고 1학년부터 레지덴셜 칼리지를 운영하게 되었습니다. 국내에 레지덴셜 칼리지를 도입한 것은 연세대학교 원주 캠퍼스가 처음이었습니다. 송도의 레지덴셜 칼리지도 원주의 경험을 바탕으로 생각해낸 것입니다.

원주 캠퍼스 부총장을 마치고 2년 반쯤은 행정보직을 맡지 않았습니다. 1년은 삼성경제연구소에서 연구년을 보냈습니다. 그때까지만 해도 연세대학교는 직선제로 총장을 선출했기 때문에 제가 총장이 되리라고는 생각도 못했습니다. 그러던 중 연세대학교의 총장 선임 체제에 변화가 생겼습니다. 오랫동안 실시한 직선제에서, 간선을 거친 후보 중 이사회가 최종적으로 지명한 후보 1명에 대해 교수와 교직원이 찬반투표를 하는 방식으로 변경되었습니다. 새로운 제도로 총장을 선출할 무렵인 2011년 연세대학교의 가장 큰 이슈는 송도 캠퍼스 처리 문제였습니다. "상당히 많은 돈을 들였는데, 그것 때문에 연세대학교 망할 것이다", "아무도 안 갈 것이다" 등 말만 많고 해결 방안은 나오지 않는 상황이었습니다. 그런데 제가 보기에는 그것이 하늘이 주신 기회 같았습니다. 송도 캠퍼스는 레지덴셜 칼리지를 운영하기에 정말 좋은 환경이라는 판단이 들었기 때문입니다. 그래서 송도 문제를 해결하기 위해 총장 선거 출마를 결심하고, 송도에 레지덴셜 칼리지를 운영하는 것을 1번 공약으로 내세우려고 했습니다. 그랬더니 선거를 도와주던 주위 사람들이 절대 안 된다고 말렸습니다. 교수, 학생 모두 싫어할 것이라는 이유를 들었습니다. 그들과 한참 논쟁을 벌이다 이렇게 말했습니다. "내 생각은 조금 다르다. 그렇게 반대하는 일이기 때문에 1번 공약으로 넣어놓고 총장이 되면 실행할 수 있는 힘을 받을 수 있지만, 그렇지 않으면 절대 실행할 수 없고 송도 문제도 해결할 수 없다. 그러니 밀고 나가야 한다." 그렇게 설득하여 레지덴셜 칼리지 설치를 1번 공약으로 내세우고 총장이 되었습니다.

Q.

중·고등학교 시절부터 총장에 이르기까지 과정을 말씀하셨습니다만, 그 과정에서 맡은 바 역할을 충실히 수행하는 데 도움을 주거나 동력이 되었던 것은 무엇이었는지, 즉 어떤 가치 기준이나 인간적 특성, 혹은 노력이 지금의 자리에 이르기까지 힘이 되었는지 궁금합니다. 또 여전히 부족하다고 여기거나 더 노력하고 있는 부분이 있는지도 말씀해 주시기 바랍니다.

A.

저는 고등학교 때부터 교회를 다녔습니다. 그 후 지금까지 제 생활에 가장 영향을 미친 것은 신앙입니다. 살다보면 어려운 일도 많고 즐거운 일도 많은데, 그때마다 신앙이 가장 도움이 되었습니다. 제가 가장 중요하게 여기고 항상 지키려 했던 가치는 신뢰입니다. 약속한 것은 반드시 지켜야 하고, 지키지 못할 약속은 하지 않아야 하며, 노력을 했는데도 약속을 지키지 못하면 책임을 져야 한다는 것을 삶의 원칙으로 삼았습니다. 또 그러한 원칙을 말로 내세우는 데만 그치지 않고 항상 실천하려고 노력했습니다. 아마도 그러한 노력이 제가 총장으로 선임되는 데 가장 도움이 되었다고 생각합니다.

제가 원주에 갔을 때도 처음에는 시선이 곱지 않았습니다. 원주 캠퍼스도 설립된 지 30년 이상 되어서 그곳만의 문화가 있습니다. 연세대학교 울타리 안에 있기는 하지만 소외감을 느끼는 구성원도 많았습니다. 그곳도 교수가 400여 명 되기 때문에 부총장으로 외부 사람이 오는 것을 달가워하지 않았습니다. 그런 상황에서 저는 부임한 지 한 달 만에 제가 하려는 일들을 캠퍼스 구성원에게 밝혔습니다. 고개를 갸우뚱하는 사람들이 많았습니다. 그 후 약속했던 일들을 거의 다 실천하고 구성원들의 신뢰를 얻을 수 있었습니다. 물론 저도 사람인지라 약속을 지키지 못한 경우도 있습니다만, 약속을 지키려고 최대한 노력하고 있습니다.

Q.

오랫동안 학교에 계셨던 분으로서 개인뿐만 사회도 행복해지기 위해서 대학에서 학생들이 꼭 배우고 익혀야 할 덕목이 있다면 무엇이라고 생각하시는지 말씀해 주시기 바랍니다.

A.

제 생각에 요즘 학생들은 도전의식이 부족합니다. 저는 그것이 제일 안타깝습니다. 연세대학교에는 채플 수업이 있습니다. 매 학기 총장이 캠퍼스를 돌면서 거의 모든 학생에게 채플 수업을 합니다. 그 때 제일 많이 한 말이 '제가 여러분만 했던 시절에는 환경이 좋지 않아 너무 힘들었지만, 그럼에도 불구하고 여러분보다 더 큰 꿈이 있었다. 여러분도 큰 꿈을 향해 도전하고 개척해야 한다.'라는 것입니다. 잠재력의 60~70%만 이끌어낸 것에 만족하고 쉽고 편하게 살려는 학생들이 많습니다. 그런 학생들에게 저는 하나님 은혜를 받고 태어나 어려운 과정을 거쳐 학교에 들어왔고 많은 교육을 받았으니 잠재력이 100이라면 100 플러스

알파를 만들어야 한다고 이야기합니다. 특히 연세대학교는 도전정신과 개척정신의 사례로 언급하기에 좋은 인물들에 의해 설립되었습니다. 연세대학교를 설립한 언더우드 선교사는 26살에 한국에 왔습니다. 그는 부잣집의 자제였습니다. 인도에 선교사로 가려다 조선에 파견될 선교사를 찾는다는 말을 듣고 지원합니다. 약혼자뿐만 아니라 양쪽 집안 모두의 반대를 이겨내고 두 달이 걸려 한국에 도착합니다. 세브란스 병원의 전신인 광혜원의 초대 병원장이었던 선교사 알렌 박사도 26살에 한국에 왔습니다. 아마 지금 젊은이들로서는 상상하기 어려운 일일 것입니다.

두 번째로 강조하는 것은 신뢰입니다. 저는 우리 사회가 갈등과 비방이 많고 서로 화합하지 못하는 가장 큰 이유가 신뢰의 부족 때문이라고 생각하기 때문에 신뢰에 대해서 자주 이야기합니다. 특히 내가 남을 신뢰하는 것도 중요하지만, 남으로부터 신뢰를 받는 것이 더 중요하다고 강조합니다. 그래서 연세대학교를 졸업하고 사회에 나가면 행동 하나하나가 연세대학이나 마찬가지이니, 말 한 마디 행동 하나에도 책임감을 느끼고 신중해야 한다고 당부합니다. 성경에 이런 말이 나옵니다. "여러분은 그리스도가 세상에 보내는 편지입니다." 편지는 감동을 줄 수 있어야 편지이고, 감동을 주려면 신뢰를 얻어야 합니다. 요즘 학생들은 신뢰를 가벼이 여기는 경우가 많은 것 같아 안타깝습니다.

Q.

송도 캠퍼스에 가본 적이 있습니다. 잘 정비된 건물과 생활관이 인상적이었고, 기초교육이나 인성교육, 소통 능력 함양 교육을 위한 시설이 잘 갖추어져 있었습니다. 울산대학교도 배울 바가 많아 보였습니다. 그런데 고등학생들 사이에서는 송도에 가기 싫어서 연세대보다 고려대를 선호한다는 이야기도 있습니다. 혹시 좋은 교육을 위해서 만든 시스템이 입학에는 부정적으로 작용하는 것은 아닌지, 만약 그렇다면 어떻게 극복하려는지 궁금합니다.

A.

총장으로서 가장 힘든 일이 송도를 정착시키는 것이었습니다. 백양로 정비도 힘들었습니다만, 송도의 레지덴셜 칼리지는 이해관계자가 많아 더 힘들었습니다. 송도에 가야 할 학생들과 교수들, 거기에 더해 학부모와 동문들의 의견도 고려해야 했습니다. 처음 이야기를 꺼냈을 때는 학교 전체가 반대하는 의견으로 도배가 되다시피 했습니다. 그래서 학생들을 설득시키려고 많이 노력했습니다. 또 처음에는 1학기만 가고, 다음 해부터 1년 다 가고 하는 식으로, 점진적으로 추진했습니다. 지금 말씀하신 의견은 아마 레지덴셜 칼리지 제도가 운영된 첫 해에 나온 이야기 같습니다. 그런데 입학성적 분석이나 학생들 의견을 조사한 것을 보면, 요즘에는 오히려 송도로 인해 연세대가 엄청나게 덕을 보고 있습니다. 연세대와 서울대를 동시에 지원하는 학생이 매년 늘어나는 추세입니다.

학생들의 호응이 높아진 이유에 대해 저는 이렇게 생각합니다. 요새 학생들은 대학에 들어갈 때쯤이면 대개 집에서 나오고 싶어 합니다. 그래서 기숙사 생활을 그리 두려워하지 않습니다. 또 학부형들은 아이가 대학에 입학해서 너무 방만하게 생활하지 않을까 걱정이 많기 때문에 아이를 학교에 맡길 수 있는 레지덴셜 칼리지에 대한 반응이 좋습니다. 교수들 또한 학습효과가 굉장히 높아졌다고 이야기합니다. 어느 이공계 교수는 1학년을 송도에서 마치고 온 학생들과 수업할 때마다 깜짝 놀란다고 이야기합니다. 이전 학생들보다 질문이 무척 많아졌다는 것입니다. 문화가 달라진 것입니다. 채플 수업 분위기도 많이 달라졌습니다. 연세대학교에 입학하는 학생들 중 46% 정도만 크리스천입니다. 그런 탓에 채플 수업 분위기가 좋지 않은 경우가 있었습니다. 채플 수업을 위해 외국에서 저명한 강사를 모셔왔는데, 학생들이 떠들고 수업에 집중하지 않아서 강사에게 미안한 경우가 종종 있었습니다. 그런데 레지덴셜 칼리지 제도를 운영한 뒤로는 분위기가 완전히 달라졌습니다.

송도 캠퍼스 생활과 관련해 제가 강조했던 것은 학술적 프로그램보다 학생들이 선진화된 공동체 문화를 익히게 하는 것이었습니다. 송도 캠퍼스에서는 세 사람이 한 방을 씁니다. 이와 관련해 처음에는 학부모들로부터 전화를 많이 받았습니다. 자기 아이는 둘이서 방을 써 본 적이 없어 불편해 할 것 같으니 기숙사비를 더 받더라도 독방을 배정해 달라는 부탁이었습니다. 그럴 때마다 관련 규정은 입시 요강에 이미 못 박혀 있어서 병이나 장애가 있는 경우가 아니면 불가능하다고 답변을 드렸습니다. 한 학기쯤 지나면 부모님들한테서 다시 연락이 옵니다. 자기 아이가 생활 환경이 전혀 다른 친구를 사귀어 본 것이 처음인데, 그런 기회를 통해 무척 많이 달라지고 성장했다며 고맙다고 이야기합니다. 저는 이런 기숙사 생활이 문화, 생활환경, 가치관 등이 다른 사람과 소통하는 기회를 배울 수 있는 좋은 경험이라고 생각합니다. 우리 사회의 갈등도 기본적으로 그런 경험의 부족에서 비롯한다고 봅니다. 송도 캠퍼스는 단순한 기숙사가 아닙니다. 기숙사별로 열 두 개의 그룹으로 나뉘어 문화활동, 체육활동, 앞서 이야기했던 연인 프로젝트 등 공동체 활동을 경험합니다. 학생들이 글로벌 리더로 성장하기 위해서는 사회를 이해하고 자기와 한 지붕 안에 사는 사람들을 이해하는 것이 무엇보다 중요합니다. 그런 면에서 레지덴셜 칼리지 교육은 학생들의 성장에 크게 기여하고 있습니다. 현재 송도 레지덴셜 칼리지에는 80여 명의 교수가 근무하고 있습니다. 또 '레지덴셜 마스터'라고 불리는, 기숙사에서 생활하는 교수도 12명이 있습니다. 대학원생이나 선배 중에 '레지덴셜 어시스턴트'를 선발하여 20명 단위로 배치하고 있습니다. 이렇게 시스템을 갖춘 결과 매 학기 모니터링을 실시해 보면 90% 이상의 학생이 만족하는 것으로 나타납니다. 이런 수치들은 송도 캠퍼스로 인해 연세대학교의 역량이 크게 강화되었다는 것을 증명합니다.

Q.

레지덴셜 칼리지에 대한 질문을 이어가겠습니다. 레지덴셜 칼리지는 교육 과잉이 될 소지가 있다고 보입니다. 따라서 레지덴셜 칼리지에서는 교육만큼 놀이문화도 중시할 필요가 있지 않을까요? 또 레지덴셜 칼리지를 마친 학생들이 느끼는 불만 같은 것이 있다면 무엇인지 말씀해 주시기 바랍니다.

A.

레지덴셜 칼리지를 운영한다고 해서 24시간 학교에서 학술적인 교과 학습만 하는 것은 아닙니다. 저희는 학생들의 재미를 제일 중시합니다. 송도 캠퍼스에는 당구장, 노래방 등 놀이시설도 많습니다. 다만 놀더라도 조금 품위 있게 놀라는 것이 학교의 생각입니다. 창의적인 활동도 많이 유도합니다. 예를 들어 5분짜리 영화를 만든다거나 체육대회를 개최하기도 합니다. 한국의 기존 대학교육은 교과 수업만 듣고 끝나버리는 교육이었습니다. 그와 달리 송도 캠퍼스에는 비교과활동이 엄청나게 많습니다.

사실 학생들의 가장 큰 불만은 프로그램에 관한 것이 아니었습니다. 저녁에 신촌과 송도를 오가는 셔틀을 많이 만들어 달라는 것이 가장 큰 요구사항이었습니다. 그래서 국토교통부와 협의해서 버스 노선을 만들었습니다. 버스가 적자가 나서 지원도 해주고 학생들에게는 무료 승차권을 주었습니다. 그러다 2015년부터는 셔틀 버스와 관련된 모든 지원을 끊었습니다. 신촌에 오려는 학생은 자기 돈을 내야 합니다. 그런데도 이제는 불만이 거의 없습니다. 저는 이것이 송도 캠퍼스가 성공적으로 안착했다는 분명한 시그널이라고 생각합니다.

레지덴셜 칼리지 초기 학생들의 반대가 많을 때, 그들에게 이렇게 이야기했습니다. "나는 레지덴셜 칼리지 하려고 총장이 된 것이다. 그래서 이것을 안 할 수 없고, 안 한다면 총장을 할 이유가 없다. 만약 실패한다면 책임을 질 것이다." 그렇게 시작했지만 이제는 반응이 완전히 달라졌습니다. 송도 캠퍼스 기숙사는 5,300명을 수용할 수 있는데, 지금 수용 인원은 5200명이 넘습니다. 1학년 학생만 있는 것이 아닙니다. 방학 중에도 자발적으로 머무르는 학생이 500명이 넘습니다. 어떤 학생은 거기서 신촌으로 통학합니다. 송도에 현재 있는 기숙사로는 모자랄 정도의 상황입니다. 만약 송도 캠퍼스가 실패하고, 연세대학교에 지원하는 학생도 줄고, 학생들 불만이 여전하다면, 이렇게 조용할 리 없습니다. 저도 견뎌내지 못했을 것입니다.

Q.

일반적으로 연세대학교 학생들은 좋은 의미의 개인주의가 강하고 자신의 역량 개발을 중시하는 데 반해 고려대학교 학생들은 개인보다는 공동체를 중시하고 잘 뭉친다는 인식이 있습니다. 그런 인식에 대해서 어떻게 생각하시는지, 연세대학교 학생과 고려대학교 학생의 특징을 모두 아우를 수 있는 방법은 무엇이 있을지 말씀해 주십시오.

A.

맞는 말씀입니다. 연세대학교에 대한 평가나 졸업생의 특성에 대한 분석을 보면 그런 지적이 제일 많습니다. 연세대학교는 서구에서 들어온 대학문화의 영향인지 개인주의가 굉장히 강합니다. 또 연세대학교의 교훈이 진리와 자유인데, 자유를 너무 강조해서 그런 것은 아닐까 하는 생각이 들 때도 있습니다. 연세대학교는 학생들에게 대학의 정신이나 전통을 심어 주기 위한 방법으로 채플 수업을 활용하고 있습니다. 연세대학교 학생은 2년 동안 의무적으로 들어야 합니다. 총장을 비롯해 사회명사를 강사로 초청해 연세대학교 학생으로서 갖춰야 할 바를 들려줍니다.

개인주의가 강하고 잘 뭉치지 않는다는 특성은 장점일 수도 있고 단점일 수도 있는데, 개인주의의 장점을 살리면서도 끈끈한 결속력을 이끌어낼 수 있는 방법 중 하나가 레지덴셜 칼리지라고 생각합니다. 구성원들이 많은 시간을 함께 보내는 레지덴셜 칼리지는 공동체에 대한 관심을 높이는 데 매우 효과적입니다. 최근 연고전에서 그런 효과가 지표로 나타났습니다. 과거에는 연고전을 해도 연세대 학생들은 관심이 적었습니다. 참여율에서 고려대 학생의 70%밖에 되지 않았습니다. 그런데 레지덴셜 칼리지에서 이루어지는 공동체 활동이나 비교과활동을 연고전과 관련지어 보았더니 연고전에 참여하는 학생 수가 훨씬 늘었습니다. 제 기억으로는 연고전 역사상 고려대 학생보다 연세대 학생이 더 많이 참여한 것은 올해가 처음이 아닐까 합니다.

이와 같은 사례를 볼 때 저희는 레지덴셜 칼리지를 통해 연세대 학생들의 DNA가 달라지는 중이라고 판단하고 있습니다.

레지덴셜 칼리지로 인한 효과는 더 있습니다. 예를 들자면, 신촌에서 교육받았더라면 운명이 달라졌을 학생을 구원한 케이스도 많습니다. 우울증에 빠져 계속 뒤처지거나 문제가 생겨 자살까지 생각하는 학생을 룸메이트가 발견해서 알려주는 경우가 있습니다. 또 요즘 경제 상황이 안 좋다 보니 연세대학교에 들어온 학생들 중에도 경제적으로 어려운 이들이 많습니다. 그런 학생들은 식사 때 보면 티가 납니다. 함께 살기 때문에 일부러 식사를 거르는 학생을 발견할 수 있습니다. 그런 학생들에게는 교목실을 통해 눈에 띄지 않게 식사 쿠폰을 제공하는 프로그램이 있습니다. 이렇게 공동체 생활을 하지 않았으면 발견하지 못했을 것들을 레지덴셜 칼리지를 통해서는 알 수 있습니다.

저희는 세계 30대 사립대학을 분석했습니다. 분석 결과를 보면 그 대학들의 가장 큰 공통점이 레지덴셜 칼리지입니다. 그 대학들 총장을 만나서 몇 백 년 동안 전통과 명성을 유지하는 가장 큰 요소가 무엇이냐 물으면 빠짐없이 이야기하는 것이 레지덴셜 칼리지 교육입니다. 미국 대학에서는 대학 1학년을 '컨버전 이어(conversion year)', 즉 전환의 시기라고 이야기합니다. 대학 시절을 어떻게 보내는지가 일생을 결정하며, 교육학적으로 가장 중요한 때가 청소년기와 대학 때라는 말도 있습니다. 또 기숙사의 경우에도 한 방에 세 사람을 넣으라고 권고합니다. 잠깐 만날 때는 모르지만 함께 여행을 하면 어떤 사람에 대해 충분히 알게 됩니다. 레지덴셜 칼리지는 그런 여행과 같다고 생각합니다. 장점이 많은데도 한국 대학들이 레지덴셜 칼리지를 운영하지 못했던 것은 환경과 재정적 여건 때문일 것입니다. 서울에 큰 기숙사를 짓기는 어렵습니다. 그렇지만 앞으로는 여건이 허용되는 대로 레지덴셜 칼리지가 많이 확대될 것이라고 생각합니다.

Q.

연세대학교는 채플 수업을 통해 학생들에게 학교가 원하는 가치관 등을 심어줄 수 있습니다. 기독교 학교가 아닌 대학의 경우 그런 효과를 얻을 수 있는 방법은 무엇이 있을까요? 또 송도 캠퍼스에서 지내는 학생들의 경우에는 1년만 생활하고 서울로 갈 수 있기 때문에 지방대학에 다닌다는 느낌 같은 것이 없겠지만, 지방대학에 다닌다는 이유로 열등감을 느끼거나 자존감이 낮은 학생들도 있습니다. 울산대학교와 같은 지방대학의 경우에는 어떤 방식으로 학생들에게 자부심을 심어 줄 수 있을지 좋은 의견을 주시기 바랍니다.

A.

지역에 있는 대학을 살리기 위해서는 한국의 대학 정책이 바뀌어야 합니다. 현재 사립대학에는 지원보다 규제가 많습니다. 그래서 저는 사립대학 자율화가 필요하다고 생각합니다. 초등학교, 중학교, 고등학교에 자율형 사립학교가 있는 것처럼 자율형 사립대학도 있어야 합니다. 그런데 정작 자율성이 가장 높게 부여되어야 할 대학에는 자율형 학교가 없습니다. 물론 모든 대학이 자율형으로 갈 필요는 없습니다. 정부 지원을 받지 않고 자율형으로 가는 것과 정부 지원을 받으면서 정부의 방침을 따르는 것 중에 선택할 수 있어야 합니다. 그리고 지방대학의 경우에는 정부가 그 대학만의 강점을 특성화할 수 있도록 적극적으로 지원해 주어야 합니다. 현재 교수의 수준은 전국적으로 거의 평준화되어 있습니다. 워낙 획일적인 규제가 많아서 교육에서는 대학들 사이에 큰 차이가 없습니다. 반드시 서울에 있는 대학에서 교육을 받아야 할 이유가 없는 것입니다. 예전에 지역마다 명문 고등학교가 있었던 것처럼, 지역마다 명문대학도 있어야 합니다. 그럴 수 있도록 정책이 바뀌어야 합니다.

학생들 중에는 잠재력이 있는데도 빛을 못 보는 경우가 있습니다. 교수는 그런 학생들의 잠재력을 발굴해 주어야 합니다. 우리나라 교육은 그런 면이 부족합니다. 그런 학생들을 영어에서는 '래이트 블루머(late bloomer)', 즉 늦게 피는 꽃이라고 이야기합니다. 늦게 잠재력을 발휘하는 학생들이 있습니다. 그렇지만 우리 교육제도에서는 수능 못 보면 끝이고 다른 기회가 없습니다. 재수하면 여러 가지 불이익이 많습니다. 그런데 고등학교 때는 공부를 게을리하다 나중에 열심히 공부하는 학생들이 있습니다. 미국에서는 그런 학생들을 수용하는 시스템이 있습니다. 미국의 커뮤니티 칼리지는 쉽게 들어갈 수 있습니다. 커뮤니티 칼리지에서 1~2년 잘 하면 좋은 대학에 편입할 수 있습니다. '래이트 블루머'를 수용하는 제도입니다. 한국에도 그런 제도가 있어야 합니다. 교수들도 잠재력은 있지만 입시 환경이나 가정 여건 때문에 자기가 원하는 데 들어오지 못한 학생들이 자긍심을 가질 수 있도록 자꾸 북돋아줘야 합니다.

앞으로 대학 등록금을 대폭 인상할 수 있는 가능성은 거의 없습니다. 그러나 이런 정책이 계속된다면 대학 수준이 하향평준화될 수 있습니다. 일류대학의 프리미엄 같은 것도 사라질 것입니다. 모든 대학이 대학 나름의 자구책을 모색하거나 특성화를 시도해야 하는 과제를 안고 있습니다. 또 인재를 적극적으로 발굴하고 잠재력을 발휘할 수 있게 교육하는 것도 대학이 이러한 환경에 대처하는 방법의 하나일 것입니다.

Q.

'제3창학'이라는 슬로건을 내세워 여러 일을 추진하신 계기가 궁금합니다. 또 임기 동안 목표를 다 이루셨다고 말씀하셨는데, 지난 4년을 돌이켜 아쉬운 점은 없는지, 만약 4년을 더 총장으로 일하신다면 새롭게 추진해보고 싶은 것은 무엇인지 말씀해 주시기 바랍니다.

A.

저희는 언더우드와 알렌 선교사가 의료와 교육사업을 시작한 것을 '제1창학'으로, 1957년 연희대학과 세브란스의과대학이 합쳐져 연세대학교가 된 것을 '제2창학'으로 봅니다. 제가 '제3창학'이라는 말을 썼던 이유는 학령인구 감소 등 대학을 둘러싼 환경의 변화를 맞아 연세대학교를 글로벌 경쟁력을 갖춘 대학으로 만들기 위해 추진했던 여러 일이 동력을 얻을 수 있게 하기 위해서였습니다. 다행히 이제는 일반화된 말로 많이 쓰이고 있습니다.

그 일환으로 레지덴셜 칼리지를 만들고 백양로를 정비했지만, 그런 일들보다 더 오래 영향을 미칠 일이 '언더우드 인터내셔널 칼리지'를 만든 것입니다. 10년 전 제가 교무처장으로 일할 때 만든 것으로 '리버럴 아트 칼리지', 즉 한국식 용어로는 교양대학입니다. 전부 영어로 교육하고 전임교수도 모두 외국인입니다. 현재 학생들 중 30% 내외가 외국인입니다. 강좌 정원도 25명 이하로 운영하는 등 글로벌 경쟁력을 갖춘 프로그램으로 등록금도 비쌉니다. 처음 만들 때는 정원이 40명이었는데, 계속 증원을 하고 프로그램을 강화하고 전공을 넓혀서 2016년에는 정원이 1700명인, 아시아의 대표적 리버럴 아트 칼리지가 되었습니다. 외국대학과 대등하게 경쟁할 목적으로 만든 곳이라서 최근에는 미국 아이비리그 대학에 합격하고서도 이곳에 입학하는 경우가 많습니다. 이 단과대학은 앞으로도 연세대학이 성장하는 가장 큰 원동력이 될 것이라고 생각합니다.

또 하나 만든 것이 글로벌 인재학부인데, 한국 문화에 관심이 있는 외국인이나 교포, 10년 이상 외국에 산 학생을 대상으로 한국학과 한국문화를 가르치는 곳입니다. 현재는 한 학기에 100명씩 뽑고 있는데, 머지않아 1,000명의 학생이 입학할 수 있게 확대하려 합니다. '제3창학'과 미래를 염두에 두고 개발한 교육 프로그램으로는 글로벌 신학대학원(GIT: Global Institute of Theology)도 있습니다. 언더우드 선교사가 130년 전에 씨앗을 뿌려 현재의 연세대학교가 있는 것처럼, 글로벌 신학대학원은 그러한 씨앗을 뿌리기 위해 제3세계 선교사 교육을 담당합니다. 한 해에 20명을 뽑는데, 학비는 교회나 교계에서, 생활비는 학교에서 전부 지원합니다. 저는 이 프로그램이 연세대학교의 탄생과도 관련이 있다는 점에서 '제3창학'의 의미를 뚜렷이 드러내는 일이라 생각합니다.

앞으로 바라는 점은 연세대학의 잠재력이 큰 바이오메디컬 분야가 다른 분야와의 융합을 통해 더 발전하는 것입니다. 요즘에는 의학이나 공학이나 융합이 활발하게 이루어지고 있습니다. 그런데 연세대학은 아주 좋은 종합병원이 있는데도 학교 전체로는 융합이 활발하지 않습니다. 의과대학 기숙사와 법과대학 기숙사가 있는데 모두 지은 지 30년 이상 되어 낡았습니다. 두 기숙사 사이에 철조망이 있었습니다. 저는 두 학문 분야의 융합을 촉진하기 위한 방안의 일환으로 두 기숙사를 부수고 새로 지었습니다. 철조망을 없애고 지하에는 공동으로 이용하는 식당을 넣었습니다. 그런 노력이 더 이어지고, 그로 인한 풍성한 결과가 있기를 기대합니다.

Q.

경제적 양극화, 사회적 양극화가 세계적인 현상이 된 지 오랩니다. 최근 대학생이나 청년 취업률이 낮은 것도 그러한 현상을 드러내는 지표의 하나일 것입니다. 이 문제를 어떻게 인식하고 대처해야 할지 생각한 바가 있으면 말씀해 주시기 바랍니다.

A.

어려운 문제입니다. 글로벌화가 진행되면서 개별 국가 단위의 경제정책이 지닌 한계가 많이 나타나고 있습니다. 전통적으로는 정부 재정이나 통화를 통해서 경제를 살릴 수 있다고 생각했는데, 현재는 그런 노력을 아무리 많이 해도 효과가 크지 않습니다. 경제가 해외요인에 의해 좌우되는 비중이 커졌기 때문입니다. 글로벌화로 인한 장점이나 상승작용도 있지만, 그 반대급부도 너무나 커졌습니다. 그 과정에서 양극화도 발생합니다. 특히 우리나라의 경우에는 경제가 활성화될 수 있는 생태계가 빠른 속도로 훼손되고 있습니다. 경제가 활성화되려면 기본적으로 기업이 적극적으로 투자하고, 투자한 결과를 기업이 어떤 형태로든 향유할 수 있어야 하고, 그것이 사회에 선순환 되어야 합니다. 그런데 현재 우리나라는 노사관계도 심각하고, 반기업정서도 팽배하며, 정부규제도 많습니다. 이런 상황에서는 성장률이 떨어지고, 그 피해는 양극화의 하단에 있는 사람들에게 더 많이 갈 것입니다.

이런 환경에서 학생을 어떻게 교육시켜야 하는지가 모든 대학들의 고민입니다. 요즘에는 경제적 양극화뿐만 아니라 모든 학문의 발달 속도가 워낙 빨라서 대학에서 가르치는 전문적 지식이 대학문을 나서는 순간 보편적인 상식이 될 수도 있습니다. 제가 보기에 세계적으로 저명한 대학에서 이와 같은 상황에 대처하는 방안은 두 가지입니다. 첫째는 굉장히 역설적으로 들릴 수 있지만 기본적인 '리버럴 아트 교육', 즉 기초교육과 교양교육을 강화하는 것입니다. 전문지식은 너무나 빨리 발달해서 대학에서 다루기 힘들고, 다룬다고 할지라도 바로 낡아 버릴 수 있습니다. 그러므로 학생들에게 가르쳐야 할 것은 어떠한 환경 변화에도 견뎌낼 수 있게 하는 능력입니다. 기본이 튼튼해야 하고 의사결정을 바르게 할 수 있어야 합니다. 태풍이 불어도 집이 무너지지 않으려면 튼튼한 기초가 있어야 하듯이 많은 대학들이 리버럴 아트 교육을 강화하고 있습니다.

두 번째는 컬처럴 다이버서티(cultural diversity), 즉 문화 다양성을 수용하는 능력을 기르는 것입니다. 개방화가 되면서 생활이나 활동 무대가 전 세계로 넓어졌기 때문에 이제는 어떤 문화라도 수용할 줄 알아야 하고, 그 문화 속에서 잠재력이나 창의력을 개발할 수 있어야 합니다. 영국처럼 보수적이고 전통적인 대학이 많은 나라에서도 요즘에는 정부에서 해외대학과 교류하는 데 지원을 확대하고 있습니다. 미국대학도 그렇습니다. 해외의 유수한 대학들이 문화 다양성을 강조하는 교육을 확대하고 있습니다. 이러한 교육은 학교 차원의 노력만으로는 부족하고 국가가 나서야 합니다. 외국에서 학생을 받아들이고, 그럴 능력이 있는 대학을 많이 육성해야 됩니다.

미국 유머에 대학 총장은 무덤 관리인 같다는 말이 있습니다. 그 이유는 세 가지인데, 첫째는 사람은 많은데 일하려고 하는 사람은 아무도 없다는 것입니다. 두 번째는 아무리 말을 해도 듣는 사람이 없다는 것입니다. 세 번째는 일하려는 사람도 없고 듣는 사람도 없는데 매일 출근해서 그 사람들을 위해 일을 해야 한다는 것입니다. 울산대학교 총장님을 많이 도와주시기 바랍니다.

Q.

울산대학교 학생을 비롯해 요즘 대학생이나 젊은이들에게 꼭 들려주고 싶은 말씀을 부탁드립니다.

A.

제가 재임 중에 학생들에게 가장 많이 얘기했던 키워드는 도전과 신뢰였습니다. 우리 젊은 학생들은 정말 무한한 잠재력이 있는데 의외로 꿈은 너무 소박합니다. 에베레스트산을 정복할 수 있는 잠재력을 갖고 있는데 생각하고 있는 것은 겨우 동네 앞산 정도입니다. 자신이 갖고 있는 잠재적 능력이 100인데 대부분은 60-70%에 만족해 버리고 더 이상 도전하지 않습니다. 물론 여러 이유가 있겠지요. 중고등학교에서 성과가 좋지 못한 경우나, 집안의 재정형편이 어렵거나, 건강상의 이유로 "난 그런 사람이 될 수 없어"라고 자포자기한 경우도 많습니다. 그러나 다시 생각해 보세요. 세상에 뭔가를 이룩한 사람들은 주위의 모든 여건이 다 좋아서 그런 거 절대 아닙니다. 많은 제약에도 불구하고(in spite of) 그것을 극복한 사람만이 성공할 수 있었습니다.

'나는 할 수 있다(I'm possible.)'와 '난 할 수 없다(Impossible)'는 점(')하나 차이입니다. 1960년대 젊은 시절을 보냈던 어른들을 생각해 보세요. 모든 것이 지금보다 얼마나 열악했습니까? 요즘 젊은이들은 무엇이든 할 수 있는 능력이 있고, 그렇게 할 수 있는 사회여건이 잘 조성되어 있습니다. 모든 조건이 완벽해지기를 기다리지 말고 지금 바로 도전해야 합니다. 자신의 잠재력이 100이면 120, 130을 발휘해야지 60, 70에 만족하는 그런 나약한 사람이 되어서는 안됩니다.

다른 한 가지는 신뢰입니다. 우리는 지금 대표적인 저신뢰 사회에 살고 있습니다. 지도층에서부터 젊은 세대에 이르기까지 언행이 일치하지 않거나, 혈연이나 학연으로 얽히지 않는 사람을 전혀 믿지 못하는 경우가 비일비재합니다. 대학에서 고등교육을 수학했어도 과학적 진리나 사회적 합리성보다는 '카더라'에 다 넘어 갑니다. 개인과 개인, 사회기관과 개인 사이에 너무나 높은 불신의 장벽이 있습니다. 신뢰수준이 낮으면 사회적 자본이 열악하여 경제성장은 물론 모든 경제 사회적 과정에서 많은 비용이 수반되고 국가의 발전을 저해합니다. 어떻게 바꾸어 나가야 합니까? 우선 나부터 바꿔야 합니다. 대학에 다니는 젊은 지성인부터 타인이 자신을 믿을 수 있는 언행을 해야 하며, 과학적 진리를 존중하고 사회적 합리성에 바탕을 둔 행동을 해야 국가가 발전합니다. 사회적 신뢰를 높여 나가는 일에 우리 젊은이들도 앞장서야 합니다.

04

인문학적 성찰로 신화를 창조하다

2016년 4월 14일 강연

메가스터디(주) 대표이사

손주은

주요 약력

1961년	경상남도 창원 출생
1987년	서울대학교 서양사학과 졸업
2000년	메가스터디(주) 대표이사
2015년	메가스터디(주) 이사회 의장
2006년	한국재무혁신기업대상 최우수상
2007년	코스닥상장법인협의회 이사
2008년	대한민국코스닥대상 최우수경영상
2009년	한국회계학회 투명회계대상
2010년	제1회 자랑스런 서울대 사학인상 수상

리더십 포인트

시련과 역경에서 도전하는 자가 성공한다

메가스터디(주) 손주은 대표이사의 삶을 한 마디로 요약하자면, 바로 그것이다. 사람들은 역경에 처하면 좌절하고 꺾인다. 그러나 어떤 사람들은 역경을 자기 발전의 디딤돌로 만든다. 이것이 성공하는 사람들의 특징 가운데 하나이다.

1. 역경에서 새로운 시도

손 대표는 1991~92년에 두 아이를 잇달아 교통사고로 보냈다. 그 아픔을 잊기 위해서 미친 듯이 학원 강사 일을 했고, 어느 정도 성공했다. 이에 한 단계 도약을 모색한다.

(1) 소수 학생을 대상으로 한 고액 '그룹 강의'

(2) 1996년 - 학원을 통한 값싸고 오픈된 '대중 강의'

(3) 인터넷 온라인 강의 - 1999년 유니텔, 2000년 메가스터디 창업. 1996년의 이천 구상을 "ROOT 97 신화 창조"라고 액자에 썼다. ROOT는 Reasonable, Organic, Open-minded, Together의 머릿글자이다.

2. 판과 틀의 변화를 읽기 1 - 인터넷 등장

또 하나의 성공 요인은 판과 틀의 변화를 인식하고 그것을 이용한 것이다. 스티브 잡스가 개인용 컴퓨터를 만든 것이 1차이고, 1990년대에 인터넷이 대중화된 된 것이 2차이다. 그 기간에 구글, 페이스북 등 인터넷 기업들이 폭발적으로 늘어난다. 메가스터디는 교육을 인터넷으로 가져가서, 당시 시가총액 2조 5천억의 큰 기업이 되었다.

3. 판과 틀의 변화를 읽기 2 - 사교육 시장

이제 사교육 시장은 판의 변화를 겪고 있다. 1970~2008년까지는 사교육 열풍의 시대였다. 경제의 고도 성장 → 대학 졸업 → 취직. 따라서 대학을 가기 위한 사교육이 성행했다. 2008년을 정점으로, 고도 성장기는 끝나고 사교육의 열풍이 점점 꺾이고 있다. 이제 판과 틀이 변한 것이다. 이 시기에 새로운 성공 방정식이 무엇인가? 이것을 손 대표는 고민하고 있다. 혁신을 하지 못 했기에, 메가스터디가 더 커졌음에도 시가총액 5000억으로 줄어들었다.

판이 바뀔 때 응전하는 사람들이 성공한다. 이제 사교육의 판이 바뀐다. 손 대표는 자신이 혁신을 만들기보다는 젊은이들이 창업을 하는 것을 지원하기로 하고, 재단을 만든다. 예컨대 네일아트라는 것이 별 것 아닌 것처럼 보이지만, 수많은 직장을 만든 새 산업이다.

4. 개인적 자질 - 노동과 승부욕

(1) 기독교 재건파인 집안의 영향으로 청교도 윤리를 가졌다. 자신의 노동으로 살아간다.

(2) 승부욕을 가지고 일에 몰두했다. 구슬치기가 대표적이다. 중독이 아닌 몰입이기에 성취감을 준다.

(3) 승부욕은 머리를 쓰게 만들고, 과감한 대안을 제시한다. 고방이 그것이다.

인터넷이라는 새 틀이 시작되고, 사교육 열풍이 끝나기 전의 10여년의 기간을 놓치지 않고, 손 대표는 창업을 했다. 시련과 변화의 시대에 성공적으로 도전한 것이다. 창업보다 어려운 것이 수성이다. 수성도 성공적으로 이루어냈다.

손영식 교수

인문학적 성찰과 몰입의 평화와 성취감이 나를 존재하게 한다

오늘 저는 제가 살아왔던 과정과 기업을 일궈나가는 과정을 말씀 드리고자 합니다. 그 과정을 이끌었던 가장 큰 원동력은 '어떻게 살 것인가'라는 고민이었습니다. '어떻게 살 것인가'라는 고민을 해결하는 기본은 인문학적 성찰입니다. 인문학적 성찰에는 철학적 고민과, 내가 살고 있는 시대를 바탕으로 과거와 미래를 통찰하는 역사적 통찰력이라는 두 가지 축이 있습니다. 두 가지 축으로 이루어진 인문학적 성찰이 현재의 저를 만들었고, 그것을 실행하기 위해 몰입하는 과정에서 생기는 평화와 성취감이 저를 존재하게 했다는 점을 말씀 드리고 싶습니다.

저는 대학을 졸업하는 과정이 순탄치 않았습니다. 삼수 끝에 대학에 들어갔고, 대학 다니면서는 많이 헤맸고, 80년대가 쉽지 않은 시기라서 졸업도 늦었습니다. 1987년 8월에 졸업을 했는데, 졸업 전에 결혼부터 했고, 졸업 한 달 뒤에 첫 아이가 태어났습니다. 구체적인 방향성 없이 방황하며 20대를 보냈습니다. 그렇게 대학을 졸업하니 어떻게 살아야 할지 막막하기는 한데 딱히 할 일은 없어서 학원 강사를 시작했습니다. 사회철학을 공부하고 싶은 마음이 있던 터라 2년 정도 돈을 벌면 독일로 유학을 갈 수 있겠다 싶었습니다. 그런 막연한 생각으로 2년간 했던 일이 이후 30년간 직업이 되어버렸습니다. 그렇게 된 데에는 평범한 사람은 겪지 못하는 커다란 고통이 결정적으로 작용했습니다. 2년쯤 학원 강사를 하다 새로운 도전을 하고자 고민했지만 답을 얻지 못하고 있던 때였습니다. 1991년과 1992년에 걸친 9개월 사이에 첫째 아이와 둘째 아이가 모두 교통사고로 세상을 떠났습니다. 그만두려던 학원 강사 일을 아들과 딸의 죽음 속에서 살아남기 위해 매달렸습니다. 슬프고 고통스러운 기억을 지우기 위해 1주일에 60시간씩 수업을 했습니다. 그렇게 한 사오 년을 보내고 나니 정신이 조금 들었고, 1993년과 1996년에 딸과 아들이 태어나면서 약간 안정을 찾을 수 있었습니다.

조금 안정을 찾고 돌이켜보니 어느새 36살이 되어 있었습니다. 다시 고민이 시작되었습니다. 1996년 한 해는 제 인생을 통틀어 가장 많은 시간을 고민한 해였고, 그 결과가 현재의 저를 만들었습니다. 1년 동안 했던 고민의 출발점은 '이렇게 살아서는 안 되겠다'라는 것이었습니다. 8년간 학생들을 가르치면서 계속 가졌던 고민 중 하나는 사교육 속에 있다는 것으로 인해 느낀 윤리적인 갈등이었습니다. 학생들을 열심히 가르치고 대가를 충분히 얻는 것은 개인 윤리로는 선이지만, 사회 윤리로 보면 사회적 불평등을 심화시키는 구조적 악을 더 확장시키고 있다는 생각이 들었습니다. 그래서 36살 여름쯤에는 사교육에서 손을 떼고 새로운 인생을 살아보자고 결단했습니다.

새로운 인생을 살자고 결단은 했지만, 무엇을 할지 답을 찾기는 어려웠습니다. 처음에 쉽게 찾은 답 중 하나는 사립 고등학교를 설립하는 것이었습니다. 사교육을 통해서 더럽게 번 돈을 공교육에 깨끗하게 헌신한다는 모양새가 될 듯했습니다. 그러나 몇 개월 동안 사립 고등학교를 어떻게 만들까 고민하면 할수록 '이게 아닌데'라는 생각이 들었습니다. 그래서 제 자신을 더 성찰해보니, 교육에 대한 헌신이 아니라 서른여섯 살까지 살면서 얻지 못했던 사회적 지위와 명예를 위해 학교를 설립하려 했다는 것을 깨달았습니다. 사립학교를 만들려는 것은 사회적 지위와 명예를 소유하려는 얄팍한 수작에 불과했습니다. 그런 사실을 깨닫고 일주일 가까이 참 많이 울었습니다. '서른여섯 살밖에 안 된 놈이 벌써 이렇게 타락했나. 돈 조금 번 것 가지고 교육이라는 명분을 내세우지만 실지로 얻고 싶었던 것은 지위와 명예가 아닌가. 내 자신한테 좀 더 정직하게 살아야 되지 않겠나.'라는 생각이 들었습니다.

한 해가 다 지나도록 답을 찾지 못하다 1997년이 시작되기 하루 전 경기도 이천에 내려갔습니다. 굳이 이천으로 간 것은, 숫자 2000을 떠올리게 하는 그곳에서 제 나이 40이 되는 2000년 이후에 어떻게 살 것인지에 대한 답을 찾고 싶었기 때문입니다. 지금은 그때 찾은 답을 '이천 구상'이라고 부릅니다. 이천에 가서 1박2일 34시간 동안 집중고민을 했습니다. 그 시간 내내 제가 살아온 과정을 정리하면서 내린 결론은 '깨끗한 기업인이 되자. 내가 가장 잘 하는 것은 강의이므로, 그것으로 제대로 된 기업을 만들자. 사교육이 존재하는 현실 자체를 무시할 수 없으니 사교육 안에서 차선책이라도 찾자. 강남에서 부잣집 아이들을 가르치면서 사회적 불평등을 심화시킬 것이 아니라 누구나 참여할 수 있는 사교육의 대안을 찾는 것이 나의 자질이나 능력으로 볼 때 가장 바람직하다.'라는 것이었습니다. 지금은 '깨끗한 기업인'이라고 표현했지만, 당시에는 학원 강사를 기업인이라고 인정하지 않는 분위기여서 제가 노트에 썼던 원래 표현은 '깨끗한 장사꾼이 되자'였습니다.

이천에서 고민 끝에 얻은 바를 액자로 만들어 방에 걸었습니다. 그 액자에는 'ROOT 97 신화창조의 원년'이라고 쓰여 있습니다. 'ROOT'라는 말을 쓴 것은 1997년을 제 인생의 뿌리를 내리는 첫 해로 삼고 싶어서였습니다. 나이 서른여섯이 될 때까지 제 인생은 여기저기 떠돌았습니다. 학생들을 가르치면서 돈은 좀 벌었지만 삶을 제대로 뿌리내리지 못한 채 방황하고 있었습니다. 1997년을

깨끗한 장사꾼이 되는 신화를 창조하는 출발의 해로 삼아야겠다는 생각을 풀어낸 것이 액자에 걸린 말의 의미였습니다. 'ROOT'는 앞으로 해나갈 비즈니스의 운영원리로 생각한 네 단어의 머리글자였습니다. 'R'은 'reasonable', 즉 합리적인 형태의 조직 문화를 뜻합니다. 'O'는 'organic', 즉 조직적이고 유기적으로 완벽하게 구축된 체계를 뜻합니다. 또 다른 'O'는 'open minded', 즉 혁신지향성으로 이어지는 개방성입니다. 그런데 'T'는 적절한 단어를 찾지 못해서 이천 구상 당시에는 그냥 'together'라고 했습니다. 그러다 2006년에 메가스터디가 커지면서 기업문화에 관한 외부 컨설팅을 받은 적이 있습니다. 그때 제가 네 단어로 만든 운영원리를 소개했더니 경영학과에 다니지 않았는데도 기업 경영의 필수 요소를 잘 파악했다며 'T'를 관계 지향성으로 설명했습니다.

1996년까지 서초동에서 강의할 때는 20명 정도에게 혼자서 전 과목을 가르치면서 고액을 받았습니다. 이천 구상 이후 1997년부터는 값싼 대중강의로 전환했습니다. 그러자 주위에서, 특히 제 아내가 가장 반대했습니다. 1996년까지는 한 달에 5,000만원씩 벌어다 줬지만 대중강의를 하면 얼마를 벌지 모르는 상황이었습니다. 그런데도 대중강의를 하러 나갔지만 이번에는 학원에서 저를 써주지 않았습니다. 제 이름을 들어본 적도 없는데다 제가 혼자서 전 과목을 강의하겠다고 하니 이상한 소리를 한다며 문전박대하기 일쑤였습니다. 궁리 끝에 친구에게 부탁해서 1997년 2월, 간신히 대중강의를 시작할 수 있었습니다. 당시는 제 자신에게 당당하게 살고 싶은 열망이 강했기 때문에 대중강의가 성공할 것인지는 고민하지 않았습니다. 그런데 당시 법으로는 전공과목만 학원에서 강의를 할 수 있었기 때문에 서양사학과 출신인 저는 사회만 가르칠 수 있었습니다. 저를 '손사탐'으로 알고 있는 경우가 많은데, '손사탐'은 손선생 통합사회의 줄임말입니다. 1997년 2월 2일에 대중강의를 시작하면서, 강남에 '손선생 통합사회 바람이 불고 있다'라는 문구가 적힌 전단지 십만 장을 뿌렸습니다. 그때까지만 해도 일반인들은 제가 누구인지 잘 몰랐습니다. 전단지 십만 장을 뿌리고 열 개 반에 강의를 개설했습니다. 그런데 일곱 개 반에 학생이 한 명도 안 왔습니다. 나머지 세 개 반에 2명, 3명, 3명 해서 총 8명이 왔습니다. 한 달 기준 수강료는 8만원이었습니다. 수강료는 학원과 강사가 반반씩 나누니 첫 달 월급은 32만원이었습니다. 그 돈을 들고 집에 갔더니 아내가 '당신 완전히 돌았네'라고 말하더군요.

그러나 저는 당당하고 떳떳하게 강의할 수 있었기 때문에 전혀 걱정하지 않았습니다. 처음에 8명이던 학생이 5개월만에 2,000명으로 늘어났습니다. 그 해 연말에는 매달 5,000명씩 강의를 들었습니다. 월수입도 4억 정도로 늘었습니다. 그런데 또 문제가 생겼습니다.

제 강의를 듣기 위해서 서울 지역 학생뿐만 아니라 경기 지역 학생들까지 수강 등록 하루나 이틀 전부터 학원 앞에 줄을 서고 있었습니다. 방학 때는 지방에서도 올라왔습니다. 제 의도와는 달리 사교육이 지역적 불평등을 만든 것입니다. 좋은 강사의 강의는 서울에 많고, 사교육 열풍이 강남의 아파트값도 올려놓았습니다. 또 다시 역사의 죄인이라는 생각이 들었습니다. 전에는 개인적인 죄만 짓고 있었는데, 이제는 사회적인 문제까지 만들고 있었습니다. 그래서 1998년과 1999년에 그 문제를 어떻게 해결할지 많이 고민했습니다.

그렇게 고민하던 차에 저한테 영감을 준 사건이 있었습니다. 1998년에 처음으로 케이블TV를 설치했습니다. 새벽 1시쯤 강의를 마치고 3시쯤 집에 돌아오면 책이나 비디오를 보다가 잠이 들곤 했습니다. 그런데 그날은 케이블TV를 처음 설치한 날이라 신기해서 이리저리 채널을 돌리고 있었는데, 39번 채널과 45번 채널을 보는 순간 전율을 느꼈습니다. 세상이 바뀌고 있었습니다. 두 채널에서는 홈쇼핑 방송이 나오고 있었습니다. 사람들이 백화점으로 가는 것이 아니라 백화점이 집으로 오는 세상이 된 것입니다. 그렇다면 앞으로 백화점보다 홈쇼핑이 주도할 것이고, 그와 마찬가지로 학생이 학교로 가는 것이 아니라 학교와 학원이 집으로 오는 시대가 열릴 것이라는 생각이 들었습니다. 줄서지 않아도 전국의 학생이 들을 수 있는 온라인 강의를 할 수 있겠다는 아이디어가 떠올랐습니다.

저는 고민이 있으면 강의를 통해 학생들에게 제 고민을 던지고 반응을 살피는 습관이 있습니다. 온라인교육과 관련해서도 학생들에게 물었더니 반응이 좋았습니다. 저는 우쭐해져서 1999년 당시 PC 통신으로 온라인 음성 강의를 하던 유니텔을 찾아갔습니다. 제 강의를 실험해 보겠다고 하니 엄청 좋아했습니다. 음성만 전송하는 강의인데도 만 명씩 수강했습니다. '아, 이건 되겠구나'라는 생각이 들었습니다. 그래서 이듬해인 2000년에 온라인 교육을 시작하려니 또 주위에서 엄청난 반대가 들어왔습니다. 그럴 만도 했습니다. 제가 나가는 학원들은 제 강의를 하나 개설하면 한 달에 최소 2,000만원씩 소득이 생기는데, 제가 온라인으로 값싸게 강의하면 학원이 망할 것 같은 생각이 들었을 것입니다. 그러나 제게 온라인 강의는 사회에 대한 문제의식 및 세상의 변화를 일구려는 바람과 연결되어 있었기 때문에 결코 포기할 수 없었습니다. 그런 확신으로 2000년 7월 12일에 법인 등록을 마치고 메가스터디라는 기업을 만들어 지금까지 온라인 교육을 해왔습니다.

요즘도 저는 고민이 많습니다. 메가스터디는 온라인 교육을 제대로 시작해 대중적으로 성공한 세계 최초의 기업입니다. 그런데 온라인 교육의 효시인 이 기업이 지금은 미국의 많은 교육기업에 기술을 비롯한 여러 면에서 밀리는 상황입니다. 혁신을 제대로 못했기 때문입니다. 혁신을 제대로 못했던 이유는 여럿입니다만, 가장 큰 이유는 제가 경영자로서 능력이 부족했기 때문입니다. 그래서 어떤 새로운 변화와 도전을 할 것인지가 요즘 저의 큰 고민이고, 이를 위해서 개인적으로 공부도 하고 코칭도 받고 있습니다.

2000년에 시작했던 메가스터디는 한때 시가총액이 2조5천억에 달했습니다. 그런데 지금은 관계된 상장기업 3개를 합친 시가총액이 5,000억 정도밖에 안됩니다. 시가총액이 2조5천억일 때보다 순자산이 세 배 이상 늘어난 것을 고려하면 엄청나게 저평가되어 있는 셈입니다. 이런 저평가는 기업이 새로운 혁신을 못하고 정체되어 있는 것이 원인이기도 하지만, 한국의 사교육이 새로운 상황을 맞고 있기 때문이기도 합니다. 한국의 사교육은 세계 어느 나라에나 있는 보편적 사교육이 아닙니다. 한국 고도압축성장기의 특수한 부산물입니다. 자료를 분석해보았더니 우리나라의 GDP성장곡선과 사교육 곡선은 일정한 상관관계가 있습니다. 1960년대 후반부터 2000년까지의 30년간이 고도압축성장기이고, 이후 저성장기로 들어갑니다. 30년간 이어진 고도압축성장기의 사회 변화는 세계 어느 나라도 겪지 못한 것이었습니다. 그런 변화를 만들어낸 동인은 한국사회의 특수한 경험입니다. 20세기 들어 우리는 불행하게도 식민지가 되어 수탈당했고, 해방되고 나서는 이념에 의한 전쟁으로 폐허가 되었습니다. 1950년대에 한국은 세계에서 두 번째로 가난한 나라였고, 역설적으로는 세계에서 제일 평등한 나라였습니다. 지주층이 다 무너지는 바람에 다 가난하고 평등한, 그래서 모든 국민이 다 동기부여가 되는 사회였습니다.

고도압축성장기는 누구나 노력하면 얻을 수 있는 세상이었습니다. 사실 저희는 대학 다닐 때 공부는 안하면서도 '어떻게 살 것인가, 민족을 위해서 무엇을 할 것인가'와 같은 거대담론을 고민했지 장차 먹고 살 걱정은 하지 않았습니다. 매년 10%씩 성장하고 있어서 일자리가 열려 있었습니다. 그런데 지금은 대학생들이 거대담론을 고민하기 어려운 세상이 되었습니다. 30년간의 고도압축성장기에 빨리 중산층에 편입하고 자아실현을 한 것은 산업화와 정보화에 적응할 수 있는 전문적인 지식을 가진 사람들이었습니다. 그래서 대학을 잘 가는 것이 당시로서는 사회적 성취의 하나였습니다. 고도압축성장기의 대학이란 공부보다는 사회적 지위 획득의 의미가 더 강했습니다. 그러나 지금은 대학 진학이 사회적 지위 획득을 의미하지 않습니다. 고도압축성장기의 성공방정식은 너무나 간단했습니다. 대학만 잘 가면 됐습니다. 대학만 잘 가면 기업에

손주은 회장이 설립한 메가스터디 본사 전경

들어갈 수 있고, 기업에 들어가면 임원도 되고 사장도 되고, 심지어 대통령도 될 수 있었습니다. 대학 잘 가는 것이 너무나 중요하니 자녀들이 대학에 잘 갈 수 있도록 사교육 열풍이 불었습니다.

그러나 사교육 열풍은 2008년 정점을 찍고 하락 추세로 돌아섭니다. 지금과 같은 저성장사회에서는 사교육의 개념이 달라집니다. 전에는 누구나 대학을 잘 가고 싶어 했지만, 지금은 대학을 잘 가도 별 볼일 없습니다. 사교육이 일부 지역에서 아직 성행하고 있지만, 저는 앞으로 10년 안에 80년대부터 2000년대 초반까지 있었던 사교육은 사라질 것이라고 생각합니다. 이제 우리 사교육도 세계 어느 나라에나 있는 보편적 사교육으로 갈 것입니다. 제가 시작했던 메가스터디라는 기업도 어떤 방향으로 가져가야 할지, 어떤 새로운 신성장동력을 만들 것인지 고민하고 있습니다. 그리고 그 고민은 '어떻게 살 것인가'에 대한 답과도 연결되어 있다고 생각하기 때문에 서른여섯 살에 일 년간 했던 고민을 최근 2년째 계속하고 있습니다. 다시 'ROOT 97 신화창조의 원년' 같은 어떤 결단이 나오면 한 번 더 도전해볼 생각이고, 그렇지 않으면 여기서 멈춰야 된다는 생각도 합니다.

그런 고민의 와중에 일차적인 답은 하나 찾았습니다. 사회를 통해 부를 많이 획득했으니 빚부터 갚자는 생각이 들어서 제가 번 돈의 일부를 출연해 공익재단을 설립하려고 준비하고 있습니다. 두 가지 성격을 가진 재단인데, 하나는 저처럼 창업하는 젊은이에게 창업지원을 하는 것입니다. 또 하나는 제가 학생들을 가르치면서 돈을 벌었기 때문에 어려운 학생들에 장학금을 주는 것입니다. 공익재단(윤민창의투자재단 설립, 2016년 가을, 300억 출자)을 만들어 일단 사회에 진 빚을 갚고, 뭔가 답을 찾으면 1997년과 같이 제 인생을 다시 한 살부터 시작해볼까 생각하고 있습니다.

Q.

끊임없는 도전으로 누구보다 독특한 인생을 개척해 오셨습니다. 불확실한 미래 속에서 남이 보지 못하는 가능성을 발견하고, 자기 자신을 최고로 끌어올려 도전에 나서게 하는 동력원은 무엇이었습니까?

A.

어린 시절 경험 중 두 가지가 이후 제 삶에 결정적인 영향을 주었습니다. 그 중 하나는 강력한 청교도윤리입니다. 이것은 지금도 제 삶을 규정하는 데 가장 중요한 영향을 주고 있습니다. 한국 사회의 다른 부문과 마찬가지로 한국 교회 역시 해방 후 일제 잔재를 청산하지 못했습니다. 그때 강력하게 일제 잔재 청산을 주장한 것이 부산경남 지역의 고신파입니다. 그래서 고신파들은 상당히 자긍심이 강한데, 일제 잔재 청산과 관련해 고신파보다 더 자부심이 강한 소수 교파가 있습니다. 재건파입니다. 제 외할아버지가 일제 강점기에 신사참배 반대 투쟁을 하다가 투옥됐던 재건교회 목사였습니다. 그래서 저는 어릴 때부터 재건파 교회를 열심히 다녀야 했습니다. 저희 집안은 율법주의적이고 청교도윤리적인 측면이 엄청 강했습니다. 저는 대학에 들어갈 때까지 일요일에는 공부를 한 적이 없습니다. 집안에서 못하게 했습니다. 하루에 두 번씩 예배를 드리고, 일요일에는 금식기도를 했습니다. 어릴 때부터 경험한 그런 생활은 이후 삶에서 늘 '이것이 정말 정당한가'와 같은 양심의 문제를 고민하는 바탕이 되었습니다.

제가 타고난 기질도 집안 내력과 연결됩니다. 외할아버지는 독특한 분이셨습니다. 목사셨는데, 목사가 되기 전에는 밀양에서 유명한 '타짜'였습니다. 도박의 선수로 돈도 좀 벌고 방탕한 생활도 하다가, 어느 날 회심해서 모든 것을 던져 버리고 목사가 된 분입니다. 그분과 같은 유전자 같은 것이 저한테 있다고 생각합니다. 어린 시절 저도 승부가 걸린 일을 너무나 좋아했습니다. 중·고등학교 때는 축구나 탁구를 한두 시간 해야 공부를 할 수 있었습니다. 중학교 2학년 때는 하루 14시간을 연속해서 공만 찬 적도 있습니다. 특히 제 삶을 암시해주는 어린 시절의 놀이에 얽힌 기억이 있습니다. 어린 시절에 구슬치기를 정말 잘했습니다. 당시 구슬을 많이 가진 아이들은 손 안에 들어 있는 구슬 개수를 알아맞히는 '짤짤이' 놀이를 했는데, 저는 그 놀이에 상당히 뛰어난 능력이 있었습니다. 소리를 들으면 손에 몇 개 들어 있는지 정확하게 감이 왔습니다. 그 무렵 저는 구슬을 천 개 정도 가지고 있었습니다. 그 동네에 저와 비슷한 수준의 고수인 형이 한 명 있었습니다. 그 형하고 구슬치기를 끝까지 하면 구슬을 몽땅 잃을 수도 있을 것 같아 그 형과는 게임을 하다말다 했습니다. 5학년 어느 날, 갑자기 영감이 떠올랐습니다. 그 형과 고방을 트면 되겠다는 것이었습니다. 고방이라는 것은 일종의 M&A와 같은 것으로, 한편이 되어 서로는 싸우지 않고, 같이 전투를 해서 구슬을 따면 반씩 나누는 것입니다. 제가 먼저 고방을 트자고 제안했습니다. 고방을 트자고 제안한 이유는, 6학년인 그 형이 보통 구슬치기를 하지 않는 중학생이 되면 자기가 가지고 있는 구슬을 제게 줄 가능성이 있기 때문이었습니다. 그 형의 동생은 구슬 놀이를 하기에는 너무 어려서 동생에게 줄 리 없다고 생각했습니다. 저의 제안을 그 형도 좋아했습니다. 그렇게 해서 그 형이 중학교에 들어가기 전까지 둘이서 동네를 석권했고, 기대했던 대로 그 형은 중학교에 올라가면서 자기 구슬의 반을 제게 주었습니다. 이후에도 구슬은 계속 늘어서 중학교에 들어갈 무렵에는 3,750개나 되었습니다. 그 동네 구슬의 70% 정도 되는 양이었습니다. 중학교에 들어갈 때가 되자 저도 구슬놀이가 시들해졌습니다. 구슬치기를 잘 안 하는 남동생에게 150개를 주었습니다. 나머지 3,600개는 동네에 5일장이 섰을 때 동네 아이들을 다 모아놓고 한두 시간에 걸쳐서 모두 던져 주었습니다. 초등학교 6학년짜리가 왜 그런 행동을 했는지 모르지만 그 일을 돌이켜볼 때마다 '그것이 내 인생의 복선이다. 내가 그렇게 살지 않을까.'라고 생각했습니다. 그래서 한번은 서강대 경영대학 학생들에게 구슬치기 경영학을 주제로 강의한 적도 있습니다.

그 다음으로 크게 영향을 준 것은 고등학교 2~3학년 때와 대학교 1~2학년 때 멘토였던 조광제라는 분입니다. 재야 철학자로 꽤 유명합니다. 그 선배를 만나면서 인생에 대한 실존적 고민을 많이 하게 되었습니다. 대학교 1학년 여름방학 두 달 동안 했던 경험도 영향을 주었습니다. 424일 동안 하루도 안 빼고 만났던 첫사랑과 서울대에 입학하면서 헤어졌습니다. 아침 7시 반에 이대 앞에서 만나고, 한 시간 같이 있다가, 저녁 6시 되면 다시 만나는 식으로 사귀던 첫사랑이었습니다. 헤어지고 나서 1학년 1학기가 너무 힘들어서 공부를 안 하는 바람에 학사경고를 받았습니다. 당시는 졸업정원제를 시행할 때라 학사경고를 또 받으면 제적을 당할 처지였습니다. 실연의 고통은 정말 견디기 힘들었지만, 제적을 피하려면 정신을 차려야겠다는 생각이 들었습니다. 고통의 반대 측면에 몰입하면 고통을 잊을 수 있을까 해서 무조건 하루에 한 권씩 책을 읽기로 했습니다. 처음에는 한

권 읽는 데 열네 시간이 걸렸습니다. 여름방학이 끝날 때쯤에는 서너 시간 만에 읽을 수 있게 되었습니다. 대학교 1, 2학년 때의 집중적인 독서와 세미나로 인간과 세계에 대한 보편적 이해를 구축할 수 있었고, 그것이 현재의 삶을 사는 가장 큰 기반이 되었다고 생각합니다.

Q.

현재에 이르게 한 동력으로 청교도적 집안 배경, 모험심과 승부욕 등을 말씀하셨습니다. 그런데 모험과 승부욕이 있다고 누구나 성공할 수 있는 것은 아닙니다. 사람들을 끌어 모을 수 있는 매력적인 요소도 있어야 합니다. 사람을 끌어모으는 손 회장님만의 힘은 무엇이었다고 생각하십니까?

A.

좋은 환경에서 자란 탓인지 저한테는 어두운 측면이 적고 남을 배척하는 인상이 아닙니다. 어릴 때부터 어른들로부터 늘 '착하게 살아라. 손해 보는 것이 결국에 남는 것이다.'라는 말을 듣고 자라서 그런지 착하고 어리숙하게 보이는 모양입니다. 그래서 사람들이 저를 대할 때 힘들어 하지 않는 것이 매력으로 작용할 수 있었다고 생각합니다. 또 제 생각을 정확하게 전달할 수 있는 전달력에서 타고난 재능이 있다고 생각합니다. 그런 능력이 상대에게 매력을 줄 수 있는 부분이 아닐까 생각합니다.

Q.

아무 것도 없이 서울대학교 서양사학과 졸업이라는 타이틀만으로 학생들을 그렇게 많이 모을 수 있는 힘은 예수님이 사람

입시설명회에서 강연하는 손주은 회장

모으는 힘과 본질적으로 같다고 생각합니다. 두 경우 모두 사람들은 메시지를 듣고 싶어 모입니다. 학생들이 손 회장님 강의에 열광하는 이유, 자기가 많은 것을 배웠다고 생각하게 만드는 동력이나 메시지는 무엇일까요?

A.

강의를 하거나 무엇인가에 몰입하면 제게 부흥사 같은 기질이 드러납니다. 잠실체육관에서 학부모를 상대로 매년 여러 차례 설명회를 하는데, 제가 강연을 할 때는 시간 제한이 없습니다. 제 강연 시간이 2시간에서 길게는 3시간 정도이고, 제 앞에 한 시간 정도 다른 행사나 강연이 있어서 마칠 때까지 3시간에서 4시간 반쯤 걸리는 설명회입니다. 그 시간 동안 체육관에 모인 만오천 명 정도의 학부모를 끝날 때까지 자리에서 떠나지 않게 하는 그런 능력이 제게 있습니다. 단순히 언변만 좋다고 청중을 휘어잡을 수는 없을 것입니다. 사람들이 가장 갈급해하는 부분을 정확하고 후련하게 이야기하면서 그들과 공감하는 능력이 제게 있다고 생각합니다.

Q.

사교육을 막기 위해 입시제도가 왜곡되는 현실이 안타까웠는데, 저성장기에 접어든 우리 사회도 사교육이 자연스럽게 줄어들 것이라는 회장님 말씀에 걱정을 조금 덜었습니다. 강의와 관련된 탁월한 재능과 온라인 대중교육을 사업으로 개척하신 부분이 인상적인데, 그러한 재능과 경험을 공교육을 강화하는 데 활용할 방법은 없을까요?

A.

사실 공교육과 사교육을 명확하게 나누기는 쉽지 않습니다. 그런데도 그것을 의도적으로 정책적으로 나누고 적대시하다보니, 사교육이 가지고 있는 긍정적인 요소들, 예컨대 세계적인 교육산업으로 성장하는 방향 등은 오히려 차단당한 면이 있습니다. 그렇지만 시간이 지나면 그런 이분법이 자연스럽게 무너지면서 한국의 교육산업이 미래의 새로운 중심산업이 될 날이 올 것이라고 생각합니다. 사교육에서는 제가 제일 먼저 온라인 교육을 시작했고, 그와 관련된 기술적 진보를 이뤄왔습니다. 그렇게 진보된 기술을 학교 현장과 연결할 수 있을 것이라고 생각합니다. 또 앞으로는 교육에서도 가상현실과 관련해 새로운 기회가 올 것이라고 생각합니다. 현재는 기업 경영이 입시와 관련된 매출 중심으로 이루어지고 있지만, 새로운 기술적 진보를 바탕으로 한 차세대 온라인교육에 대해서도 고민하고 있습니다. 가

상현실과 연결된 새로운 성장동력을 찾아내는 교육 기업이 미래의 승자가 될 것이고, 그때쯤이면 사교육의 기술이 학교 교육과도 연결되리라 전망합니다.

Q.

앞으로 산업의 혁신은 인공지능과 맞물려 이루어질 것이라는 전망이 많습니다. 교육산업을 비롯한 산업 혁신의 방향이나 방법에 대해서 생각한 바가 있으면 말씀해 주시기 바랍니다.

A.

제가 생각하는 혁신의 방향에 대해 말씀드리겠습니다. 사교육과 관련해 기업이 한 단계 더 도약하는 것은 한국사회의 발전과정에 비추어 이미 철 지난 이야기라고 생각합니다. 그래서 저는 새로운 사업을 구상하고 있습니다. 제가 가진 꿈 중의 하나는 우리나라에 없는 직업으로 창업하는 젊은이들을 지원하는 것입니다. 새로운 직업으로 창업하는 것이 대한민국의 새로운 혁신이 될 것입니다. 한국은 수출 주도의 산업화로 성장했지만, 이제는 세계 경제 전체가 저성장 국면에 들어가서 수출보다는 내수를 확장하는 것이 중요합니다. 내수 시장을 키우는 좋은 방법은 새로운 직업을 많이 만드는 것입니다. 2004년에 L.A.를 방문한 적이 있었는데, L.A. 공항에서 시내로 들어가는 길에 놀랄 만한 광경을 목격했습니다. 수많은 사람이 길거리에 드러누워 손톱과 발톱을 칠하고 있었습니다. 네일아트였습니다. 저런 직업도 있구나 싶어 놀랐는데, 2006년쯤 되니 우리나라에도 들어왔습니다. 그래서 네일아트라는 새로운 직업이 얼마나 일자리를 창출하는지 조사해봤습니다. 통계청 자료를 보니 지금까지 네일아트 자격증을 취득한 사람은 8만 명이 넘습니다. 그 중 반 정도가 그 직업에 종사한다면 4만 명, 반의 반이라도 2만 명의 일자리가 만들어진 것입니다. 최소 2만 명으로 잡고, 그 중 반은 다른 직업에서 옮겨왔다고 보더라도, 적어도 반은 임시직이나 일용직에 있던 사람들이 안정적인 일자리로 옮겼다고 볼 수 있을 것입니다. 새로운 직업 하나가 신규 일자리 만 개를 창출한 것입니다. 새로운 일자리가 생겨 88만 원 세대도 2~3백만 원 월급을 받게 되면 그들의 구매력이 올라갈 것이고, 그들의 기본적인 의식주와 관련된 시장도 매출이 증가할 것입니다.

그런 꿈을 실현하기 위해 새로운 직업으로 창업하는 젊은이를 지원하는 일을 메가인베스트먼트라는 창업투자회사를 통해 진행하고 있습니다. 메가인베스트먼트는 TIPS(Tech Incubator Program for Startup), 즉 '민간 투자 주도형 기술 창업 지원' 시스템에서 선정한 엔젤투자회사 21곳 중 하나입니다. TIPS는 스타트업 전 단계의 기업이 창업에 성공하도록 지원하기 위해 만든 것으로, 새로운 아이디어와 가능성만 있으면 창업할 수 있게 만들어 주는 프로그램입니다. 좋은 아이디어만 있으면 10억 원까지도 지원받을 수 있습니다. 단순히 돈만 지원해주는 것이 아니고 최소 100일간 인큐베이팅도 해줍니다. 대한민국에 없는 새로운 직업으로 창업할 수 있는 아이디어만 있다면 얼마든지 기회는 열려 있습니다. 기술적인 진보나 경영 상의 혁신 마인드도 중요하지만, 지금 우리나라에 필요한 혁신은 내수를 키우는 것이고, 새로운 직업을 만들어 일자리를 창출하는 것도 혁신이라고 생각합니다.

Q.

기업가정신과 승부사 기질을 발휘하여 성공한 창업자들은 2

차 성공을 위한 고민이 많습니다. 과거에 1차로 성공한 성과를 기본이라고 생각하고 그것을 능가할 수 있는 새로운 가치를 창조하려 하기 때문입니다. 이와 관련해 손 회장님의 고민은 어떤지 듣고 싶습니다.

A.

1차 성공이 기본이라고 생각하지는 않습니다. 제가 1차로 성공한 것은 제가 잘 하는 일이었기 때문입니다. 강의는 오랫동안 해온 일이고, 학생과 학부모들을 접한 경험도 풍부했기 때문에 입시를 중심으로 하는 메가스터디는 성공할 수 있었습니다. 현재는 계열사까지 10개 정도의 회사를 운영하고 있는데, 이것은 제가 잘 할 수 있는 일이 아니라 좋은 인재들을 리드해 그들이 잘하게 해야 되는 일이라는 점에서 전혀 다릅니다. 그러다보니 최고경영자로서의 판단능력이나 의사결정능력, 비전을 제시하는 리더로서의 능력은 부족하다는 생각도 하게 됩니다. 이 정도 이루었으니 다음 단계는 기업을 더 키워야겠다고만 생각하다 보면 빨리 망할 수도 있고, 잘못하면 인생이 가짜가 될 가능성도 있습니다. 그렇게 가짜가 되는 사람들을 주위에서 많이 보았습니다. 그렇게 가짜가 되는 인생보다는 저 자신한테 솔직한 것, 그것이 저는 답이라고 생각합니다.

Q.

대중을 상대로 한 온라인 교육을 세계 최초로 성공시키셨는데, 온라인 교육은 앞으로 어떻게 변해갈지 전망을 말씀해 주시기 바랍니다.

A.

온라인 교육은 점점 무상교육으로 가고 있습니다. 제가 운영하는 기업도 현재는 매출의 중심이 온라인이 아닙니다. 미국의 주요 대학은 MOOC 형태의 교육을 확대하고 있고, 한국형 MOOC도 확대되고 있습니다. 교육은 본질적으로 공공재적 성격이 있기 때문에 기술적 진보와 연결되어 있는 온라인 교육은 무료가 될 수밖에 없다고 생각합니다. 저희 기업도 온라인 무상 교육을 어떻게 실시할 수 있을지 고민하고 있습니다. 사회가 발전하는 과정에서 일반적이고 보편적인 교육은 무상으로 갈 것이고, 대학원이나 MBA와 같은 특화된 형태의 교육은 더 고급화되고 고가가 될 것입니다. 무상으로 제공되는 것과 특화된 형태의 상품, 교육상품은 이렇게 두 개로 나누어질 것이라 전망합니다.

Q.

일반적인 교육은 무료가 되고 특화된 교육은 고가가 될 것이라고 말씀하셨는데, 그와 관련해서 요즘 주목받고 있는 평생교육의 나아갈 방향과 전망에 대해서도 말씀해 주시기 바랍니다.

A.

대학입시와 관련된 사교육은 무료로 바꾸려고 하니, 다른 먹고 살 거리를 찾는 것이 고민입니다. 그와 관련해 관심을 두고 있는 것이 인공지능의 발전과 관련된 생산 개념의 변화입니다. 인공지능이 더 발달하면 생산의 개념도 달라질 것이라 생각합니다. 생산이 부가가치라고 하는데, 가치를 더한다는 게 과연 화폐 단위로 평가되는 경제적인 측면으로만 계산해야 될까 하는 의문이 듭니다. 농경사회에 살았던 사람들이 보면 전혀 돈이 될 수 없는 것들이 현재는 돈이 되고 있습니다. 그래서 저는 학생들에게 이렇게 이야기합니다. "공부 열심히 하지 말고 잘 놀아야 된다." 잘 놀면 월급을 주는 세상이 올 수도 있다고 저는 생각합니다. 생산과 부가가치의 개념이 달라지면 기업 활동의 의미도 화폐로 평가되는 매출 증대 차원을 넘어서는, 새로운 형태의 공유사회가 도래할 가능성이 있다고 생각합니다.

또 하나 관심을 갖고 있는 것은 실버산업입니다. 우리 사회에서 부를 가지고 있는 계층이 50대 이상이 될 것이므로, 이 사람들이 중심이 되는 새로운 사업모델을 만드는 것이 기업의 새로운 활로를 찾는 길이라고 생각합니다. 그래서 작년부터 고민하고 있는데, 아직 세계적인 사례가 없습니다. 우리나라도 그렇고 일본도 실버교육을 통해서 매출이 올라가지는 않았습니다. 성장할 때는 교육을 계속 시키지만, 성장이 끝나고 더 이상 자기개발을 할 수 없는 나이가 되면 어린애로 돌아가기 때문에 실버케어는 시장이 상당히 크지만 실버교육은 그렇지 못합니다. 그러나 우리 사회도 초고령사회로 가고 나이가 들어서도 더 의미있는 삶을 살고 싶어 하는 사람이 많아지면 새로운 형태의 생산개념이 나올 것이라고 생각합니다. 그래서 한 2년 전에 상상한 것이 있습니다. '실버드림소사이어티'라는 것인데, 연세 드신 분들이 노동과 놀이와 교육을 함께 하는, 그래서 생산과 소비와 교육이 연결되는 형태의 새로운 커뮤니티를 구축하면 분명히 비즈니스로 성공할 것이라고 생각했습니다. 그 생각을 진전시키기 위해 일본에 공부를 하러 갑니다. 교육이든 돌봄이든 노인세대의 생산성을 살리는 것이 우리 사회의 큰 성장 동력으로 작동할 것이라고 믿고 있습니다.

Q.

앞서 말씀하신 것처럼 요새는 대학 졸업장이 성공을 보장해 주지 않습니다. 만약 어떤 학생이 꼭 대학을 가야 하느냐고 물으면 어떻게 대답하시겠습니까?

A.

대학 진학률이 떨어지면서 앞으로는 대학에 진학하는 이유가 달라질 것입니다. 이제 대학은 취업률을 높이려는 노력과 더불어 특성화를 시도할 필요가 있습니다. 지금은 취업률로 대학의 경쟁력을 이야기하는데, 앞으로는 '우리 대학은 학생을 정말 착하게 만듭니다'와 같은 특성화가 경쟁력이 될 것입니다. 학생들과 상담할 때마다 자주 이야기합니다만, 저는 미래사회의 경쟁력 있는 사람은 착한 사람이라고 생각합니다. 농경사회에서 산업사회로 넘어 오면서 사회구조가 복잡해졌고, 그에 따라 발생하는 각종 사회 윤리 문제를 해결하기 위해 많은 노력이 있었습니다. 그 결과 여러 제도나 체계가 만들어졌습니다. 그런데 어쩌면 미래 사회 윤리의 핵심은 역설적으로 개인의 도덕성이 될 가능성이 있습니다. 인공지능과 관련된 문제도 결국은 윤리적인 문제 쪽으로 향할 가능성이 있다고 봅니다. 시스템을 아무리 잘 만들어 놓아도 그것이 윤리적으로 잘못된 것을 정상적인 데이터로 인식하면 인공지능이 세상을 작살낼 가능성이 있습니다. 윤리학자들은 미래사회에는 개인의 도덕성 문제가 훨씬 더 중요해질 것이라고 이야기합니다. 저는 대학이 학생들의 인성과 도덕성 개발에 초점을 맞추는 것이 미래 사회의 인재를 배출하는 길이라고 생각합니다. 저성장사회에서 선진 한국을 만들고 세계의 리더가 되려면 기능적인 능력을 강조했던 산업화 시대의 교육을 넘어서야 합니다. 만약에 제가 대학에 있다면 착한 사람을 만드는 교육을 새로운 경쟁력으로 삼을 것입니다. 그래서 학생들이 대학에 가야 하느냐고 물으면, "네가 인간과 세계에 대해서 더 깊은 이해를 하고 더 풍부한 삶을 살려면 대학에 가야 한다"라고 이야기하겠습니다.

Q.

손 회장님처럼 성공하고 나이가 들면 안정적인 삶을 추구하는 것이 보통입니다. 그런데 손 회장님께서는 여전히 무엇인가를 갈구하고 혁신하려 고민하고 계십니다. 남들이 생각하는 편안한 삶 대신 어려운 길을 선택하는 이유가 궁금합니다.

A.

나이가 들어가는데도 왜 안정과 평안을 왜 추구하지 않느냐는 질문인데요. 인문학적 성찰을 통해 보건대 저는 인생이 부조리하다고 생각합니다. 제가 태어나고 싶어서 태어난 것이 아니라고 생각하고, 내 삶의 진짜 주인이 나인지 의문이 듭니다. 우주에 존재하는 모든 것들의 관계가 질서 있고 아름답게도 보일 수 있지만, 어떻게 보면 너무나 터무니없는 먹이사슬과 경쟁과 왜곡된 고통의 질서일 수도 있다고 늘 생각합니다. 이 강연이 끝나면 저녁으로 복요리를 먹을 예정이라는데, 그러면 복은 오늘 밤에 저한테 먹히기 위해서 존재할까, 뭐 이런 생각을 저는 아직도 하고 삽니다. 신이 만들어낸 우주적 질서를 이해하지 못해 엄청난 부조리 속에서 살고 있습니다. 고등학교 때부터 지금까지 그에 관한 답을 얻지 못했고, 그래서 제게는 인생을 행복하게 살고 싶다는 갈망이 별로 없습니다.

살아보니 제게는 행복보다 저 자신의 삶에 당당함과 자유 등이 더 중요합니다. 저는 두 가지에 잘 빠집니다. 몰입과 중독입니다. 무엇인가에 중독되면 한없이 빠져버리는 사람입니다. 왜 그런지 보니, 몰입과 중독은 진행되는 과정에서 평화가 있다는 공통점이 있습니다. 포커를 밤새도록 쳐도 평화가 있지 않습니까. 교수님들도 연구에 몰입하면 밤을 새워도 평화가 있지 않습니까. 몰입과 중독의 차이는 끝나고 무엇이 남는지에 있습니다. 중독은 끝나면 왜 이 짓을 했을까 하는 열패감이 드는 반면, 몰입은 강력한 성취감이 듭니다. 제게는 몰입에서 오는 평화와 성취감이 살아 있다는 느낌을 주는 유일한 삶의 방식인 것 같습니다.

제가 하는 사업과 관련해서도 몰입해 있을 때 굳이 말하면 행복할 수 있는데, 그것이 잘 안 돼서 요즘 고민하고 있습니다. 그 고민을 해결해줄 수 있는 가장 강력한 기반은 결국 인문학적 성찰인 것 같습니다. 저는 일본 교세라 그룹의 이나모리 가즈오 회장을 존경합니다. 그분한테 가장 감명받은 것은 착하고 정직하게 살면 성공한다는 것입니다. 인생의 20대까지는 열심히 준비하고, 60대까지는 사회를 위해서 최선을 다해 일하고, 나머지 20년은 죽음을 준비하면서 살겠다는 그분의 말에 깊은 감명을 받았습니다. 실제로 가즈오 회장은 60대 중반에 교세라 그룹 회장직을 내려놓고 승려가 됩니다. 정말 제대로 된 기업인의 모습을 저는 그분한테서 발견합니다. 저도 그분처럼 살 수 있기를 바랍니다.

05

지역 사회에 봉사하는 것이 성공이다

2016년 9월 8일 강연

구암문구 대표

박봉준

주요 약력

1956년	경상북도 경주 출생
1968년	대현초등학교 졸업
1980년	문구업 시작
1982년	구암문구 설립
1992년	울산대학교 내 매장 설치
1999년	구암사옥 본점 준공
2008년	지식경제부장관 표창
2009년	국토해양부장관 표창
2009년	법무부장관 표창
2012년	보건복지부장관 표창
2014년	국무총리 표창

리더십 포인트

지혜 · 솔선수범 · 공감의 리더십

흔히 지도자는 이성(logos), 윤리(ethos), 연민(pathos)을 겸비해야 한다고 한다. 손자병법을 인용하면 각각 지장(智將), 용장(勇將), 덕장(德將)의 자질이라 할 수 있으며, 이 모두를 갖춘 명장(名將)의 전형으로 이순신 장군을 꼽을 수 있다. 조직이나 사회를 이끄는 일도 마찬가지로 지혜·솔선수범·공감이 필수적이며, 구암문구 박봉준 대표는 역경 속에서도 희망을 잃지 않고 이를 갖추기 위한 노력 끝에 지역 공동체 발전에 큰 기여를 해왔다.

1. 지혜의 리더십

박 대표는 "돈 버는 것이 중요한 것이 아니라 내가 하고 싶고 옳다고 생각하는 분야에서 최선을 다한다"는 논리를 세우고 교육과 미래를 위한 사명감으로 오로지 문구 사업만을 지속해 왔다. 그는 정규교육을 제대로 받지 못했지만, "누가 알아주지 않아도 제 할 일을 묵묵히 해왔다"는 그의 신념은 스스로가 자신의 스승이 되어 습득한 지혜라고 할 수 있다.

2. 솔선수범의 리더십

기업대표로서 이윤을 극대화하기 위한 유혹에 빠지기 쉬운 것이 인지상정이지만 그는 지역 공동체 일원으로서의 역할을 잊지 않았다. "사회와 국가가 잘 되어야 우리가 잘 살 수 있지 않느냐"라는 그의 가치관은 당연해 보이지만 실천하기는 어려운 일이었으며 항상 성실과 정직을 바탕으로 사회봉사에 솔선수범하여 왔다.

3. 공감의 리더십

박 대표가 기부를 통해 이타적 삶을 열정적으로 실천해 온 것은 사람과 사회에 대한 연민과 사랑이 없었다면 불가능했을 것이다. 특히 형편이 어려운 청소년을 위한 장학사업과 사랑에 바탕을 둔 선도와 관용은 아너스 소사이어티 회장으로서 그의 인격적 가치를 더하는 사례라고 할 수 있다.

자신의 유년시절은 마치 갱지 속의 그림과 같았지만 그 그림 속에서 꿈꾸는 청룡을 정성껏 그려온 박 대표의 화룡점정이 기대된다.

구교남 교수

제가 걸어온 길

구암문구 대표 박봉준입니다. 지금의 자리에 오기까지 많은 사연이 있습니다. 자세한 내용은 질문과 답변을 통해 말씀드리기로 하고, 제 어린 시절의 기억을 간단하게 요약해 드릴까 합니다. 어린 시절 기억 중 가장 오래된 것은 서너 살 때쯤의 것입니다. 그때 어머님이 돌아가셨습니다. 큰집에서 더부살이를 하던 중에 새어머니를 맞았습니다. 초등학교에 들어가서는 5학년까지 다니고, 6학년은 절반밖에 못 다녔습니다. 이후 곧바로 사회에 나가 여러 일을 경험하고 구암문구를 창업하여 오늘에 이르렀습니다.

질의 응답

Q.

여러 업종 중에서 문구업을 선택하신 동기가 궁금합니다. 문구업처럼 영세한 규모의 사업에 성공하면 다른 업종으로 전업하는 것이 보통인데, 박 대표님은 30년 넘게 한 우물만 파셨습니다. 그러한 일관성과 지속성이 박 대표님 생애에서 가장 핵심적인 포인트라고 생각합니다. 그렇게 한 우물만 파신 이유는 무엇입니까?

A.

문구점에서 근무하다 보니 자연스럽게 문구업을 시작하게 되었습니다. 문구점에서 일하기 전에는 여러 일을 전전했습니다. 농사일도 해봤고, 잡화점에서도 일했고 막노동판에도 나갔습니다. 그러다 문구 업체에서 스카우트 제의가 와서 5년간 문구점에서 근무했습니다. 5년 동안 일하면서 '비록 이것이 십 원짜리 파는 장사지만 아이들 교육이나 미래를 위해서 바람직한 일이다'라는 생각이 들었습니다. 또 초등학교 6학년 때 학교에 절반도 못 나간 기억도 있어서 제 나름대로는 문구업을 교육 사업으로 생각했고, 제가 가야 할 길이라는 사명감 같은 것을 느꼈습니다.

문구업으로 성공한 뒤에도 업종을 변경하지 않은 것도 같은 이유 때문입니다. 말씀하신 것처럼 문구업으로 성공한 사람들은 대부분 전업합니다. 제 주위의 많은 사람들도 푼돈 장사 하지 말고 깨끗하고 좋은 사업으로 바꾸라고 권유했습니다. 그럴 때마다 저는 이렇게 말했습니다. "문구업이 비록 푼돈 장사일지라도 내게는 교육 사업이다. 어디에 내놓아도 부끄럽지 않은 사업이다. 돈 버는 것이 중요한 것이 아니라 내가 하고 싶고 옳다고 생각하는 분야에서 최선을 다하는 것이 중요하다." 주식이나 부동산으로 대박이 터진 사람들은 타락하기 쉽습니다. 복권에 당첨된 사람 치고 행복한 사람은 아무도 없습니다. 그런 분야에 뛰어드는 것은 저를 타락시키는 일이고, 제 마음에 병이 들면 돈으로는 고칠 수 없다고 생각했습니다. 오로지 문구점을 이어가겠다는 마음으로 살아왔고, 앞으로도 문구업과 그와 관련된 사업 외에는 거들떠보지 않을 것입니다. 좋고 나쁜 직업이 따로 있을 리 없습니다. 자기가 어떻게 생각하느냐에 따라 좋고 나쁜 것입니다. 문구업 분야에서 최선을 다해 울산 시민을 행복하고 편리하게 해주면 그것이 최고의 직업입니다. 그렇게 생각하기에 저는 100년, 200년이 지나도 문구점만 할 수 있게 매장을 짓습니다. 다른 사업은 못하게 상호도 '문구'라는 말을 넣어서 만들었습니다.

Q.

상호 이야기가 나왔으니, 상호에 들어 있는 '구암'이 무엇을 의미하는지 말씀해 주시기 바랍니다.

A.

어릴 때 살던 곳 뒷산에 개바위라고 불리는 큰 바위가 있었습니다. 한자로 바꾸면 개 구(狗)와 바위 암(巖)을 써서 구암입니다. 저는 개 구 자 대신에 산 위의 바위, 언덕 위의 바위라는 뜻으로 언덕 구(丘) 자를 써서 상호를 지었습니다. 식물이나 짐승은 모양도 변하고 색깔도 변하지만, 바위는 아무런 변화 없이 항상 자기 자리를 지키고 있습니다. 사계절은 물론 100년이 가고 1000년이 가도 그 자리를 지킵니다. 100년, 1000년이 지나도 문구를 이어가겠다는 신념에서 그렇게 상호를 지었습니다.

Q.

문구업을 교육사업으로 생각하고 사명감과 소신을 가졌기 때문에 다른 유혹을 물리치고 한 우물을 팔 수 있었다고 말씀하셨습니다. 그런데 아무리 그런 소신이 있더라도 지역 사회나 기업인의 세계에서는 문구업을 폄하하는 경우도 있었을 듯합니다. 그런 경우 어떻게 대응하셨는지 궁금합니다.

A.

해양 소년단 감사를 맡았을 때 경험한 일입니다. 회의에 가서 저를 소개했더니 어떤 분이 '문구점 하는 사람이 왜 여기에 왔지?'라고 말씀하시더군요. 그러나 저는 별로 개의치 않았습니다. 누가 알아주지 않아도 제 할 일만 하면 되고, 이 사회에 조금이라도 보탬이 되는 일은 스스로 보람을 느껴서 하는 것이지 남이 알아주길 바라고 하는 것은 아니라고 생각합니다. 저를 무시했던 그분도 나중에 저희 가게에 와 보시고 나서는 완전히 태도가 달라졌습니다. 매장 전체와 주변을 둘러보고 가셔서는 구암문구가 대단하다고 말씀하셨다고 합니다. 이후에 만났을 때는 저를 대하는 태도도 달라졌습니다. 지금도 문구점 한다고 무시하는 분이 있기는 하지만 신경 쓰지 않습니다. 자기 직업에 만족하고 이 사회에 기여하면 그만이라고 생각합니다. 누가 알아주기를 바라고 하는 것은 생색내기에 지나지 않고, 그렇게 해서는 사업이 잘 되지도 않습니다.

Q.

다른 사람들의 시선을 신경 쓰지 않고 일관되게 소신을 지켜 왔다는 것이 박 대표님으로부터 우리가 배울 만한 가치라고 생각합니다. 앞으로도 그러한 삶을 살겠다고 하셨는데, 구암이라는 브랜드는 어떻게 지켜 가실 생각입니까? 아드님께 승계하실 예정인가요?

A.

반드시 아들에게 물려줘야겠다는 생각은 없습니다. 아들이라도 경영에 관심이나 소질이 없으면 공익법인을 만드는 등 다른 방법을 찾아볼 생각입니다. 공익법인을 만들면 아들이 이사장을 맡더라도 함부로 하지는 못할 것입니다. 아들이라고 해서 모두 물려줘야겠다는 생각은 하지 않습니다. 대개 문구업 같은 업종에서는 친인척을 많이 활용합니다. 그러나 저는 사업 하면서 친인척을 최대한 배제했습니다. 처음에 8평 매장을 운영할 때도 친인척이 아닌 직원에게 매장을 맡겨 놓은 채 영업도 하고 배달도 했습니다. 어떤 이들은 현금이 들어오는 장사를 하면서 친인척도 아닌 사람들에게 가게를 맡기면 안 된다고 말하기도 했지만, 직원들과 쌓은 신뢰가 있었기 때문에 걱정하지 않았습니다.

Q.

정규 교육은 많이 받지 못했다고 하셨는데, 어떤 이유 때문이었는지 말씀해 주시기 바랍니다.

A.

초등학교 5학년까지 다니다 6학년 때 울산으로 이사를 오면서 입학을 못했습니다. 5월이 되어서야 고모님께서 학교에 보내겠다고 하셔서 대현초등학교에 들어갔습니다. 아이들은 시골뜨기가 왔다고 겁을 주고, 선생님께서는 시골에서는 공부 잘 했더라도 여기에서는 성적이 좋지 못할 수 있다며 잘 할 수 있겠냐고 물으셨습니다. 열심히 하겠다고 대답했습니다. 그 전에 다니던 시골 학교는 학생이 100명도 안 되었는데, 전학한 곳은 400명이나 되었습니다. 그래도 성적으로 꼬리에 속할 바에는 차라리 안 다니는 것이 낫다는 각오로 열심히 공부했습니다. 집에 오면 소 풀 뜯어 먹이는 등 집안일이나 심부름을 해야 하는지라 학교에 있는 동안만 공부할 수 있었습니다. 그렇게 공부해서 400명 중 10등 안에 들었습니다. 중학교에 진학하지 못한 것은 진학과 관련된 시험을 다 보지 못했기 때문이었습니다. 당시에는 여러 날에 걸쳐 시험을 쳤는데, 사정이 생겨 집에서 학교에 못 가게 하는 바람에 하루치 시험을 치르지 못했습니다. 결국 성적이 많이 떨어져서 진학하지 못했습니다.

Q.

울산에서는 구하기 힘든 것들이 있습니다. 그런 것들을 어디에서 구할 수 있느냐고 물으면 다들 구암문구에 가라고 그럽니다. 가면 진짜로 있습니다. 구암문구에서는 잘 안 팔리는 제품, 다른 곳에 없는 제품도 구할 수 있습니다. 그런 제품을 갖춰 놓으시는 이유가 궁금합니다.

A.

다른 사람들은 사업을 하면 수익성 있는 상품만 가져다 놓고 수익성 없는 상품은 다 빼버립니다. 그러나 저는 앞서 말씀드린 것처럼 문구업이 교육 사업이라고 생각하기 때문에 소비자가 1년에 한 번을 찾든 두 번을 찾든, 적자를 보더라도 소비자가 원하는 것은 공급해줘야 한다고 생각합니다. 요즘에는 1년에 한 번 쓰는 물건이라도 인터넷을 통해 쉽게 구할 수 있지만, 전에는 서울이나 부산으로 나가야 했습니다. 서울까지 가서도 물건이 있는 곳을 직접 수소문해야 했습니다. 그래서 오래 전부터 소비자가 찾는 것은 이윤이 남든 안 남든 무조건 구비해 놓으려고 했습니다. 물건 종류가 자꾸 늘었고, 그러다보니 안 팔리던 물건도 팔리게 되었습니다. 다른 곳에는 없는 물건이 저희에게는 있으니까 찾는 손님은 더 늘어 잘 안 팔리던 물건도 팔리게 되었습니다. 문구업이 쇠락한다고 하지만 구암문구는 계속 성장하고 있습니다. 수요가 주는 것 이상으로 업체가 줄어서 구암문구 아니면 구입할 수 있는 곳이 없어졌습니다. 그래서 저는 사막에 밀림을 만드는 마음으로 계속해서 판매 품목을 늘려가고 있습니다.

Q.

요즘에는 창업을 꿈꾸는 대학생도 많습니다. 창업이나 경영에 관해 그들에게 들려줄 말씀은 무엇인가요?

A.

사회 경험이 없는 학생 시절에 창업하는 것은 권하고 싶지 않습니다. 학교는 이론을 가르치는 곳입니다. 그러나 이론만 가지고는 현장에서 일이 돌아가지 않습니다. 현장과 이론이 같이 융합되어야 합니다. 이론으로는 100 더하기 100은 200이지만, 현장에서는 200이 될 때도 있고 안 될 때도 있습니다. 고속도로의 제한

2018년 캐나다에서 열린 세계공동모금회에서 한국 대표로 강연하고 있는 박봉준 대표

속도는 시속 100km로 정해져 있지만, 정확하게 100km로 달리는 사람은 아무도 없습니다. 110, 120, 80, 90 등 다양합니다. 100km를 기준으로 맞춰 나가는 것입니다. 대학에서는 이론을 배우고, 현장도 2년 정도 경험한 후에 창업하는 것이 좋다고 생각합니다.

제 경영 비결은 돈 벌려고 사업하지 않는 것입니다. 앞서 말씀드렸듯이 제게는 문구업이 교육 사업이기 때문에 소비자를 편리하게 해주면 돈은 따라 오는 부수입이라고 생각했습니다. 주 수입은 돈이 아니라 내가 하고 싶은 사업을 마음껏 하는 것입니다. 다른 업체에서는 해주지 못하는 것을 제공함으로써 소비자를 편리하게 해주면 손님은 자꾸 늘어납니다. 제품은 제 것이 아니라 울산 시민의 것이고, 저는 울산 시민이 편리하게 쓸 수 있도록 관리할 뿐입니다. 관리를 잘 해주면 편리하니까 손님이 자꾸 옵니다. 관리비가 많이 쌓이면 소비자가 더 편리하게 이용할 수 있게 투자도 하고 기부도 합니다. 돈만 벌려고 하면 오히려 돈은 도망갑니다.

Q.

이익을 추구하기보다 사회적 책임을 다하고 기부하는 데 치중하다 보면 적자가 나는 등 경영에 어려움을 겪지는 않나요?

A.

망해가면서 기부할 수는 없습니다. 이익이 남기 때문에 기부를 하는 것입니다. 기부라는 것이 공짜로 드리는 것은 아닙니다. 대학과 같은 기관이나 어려운 이들에게 천만 원을 기부하고 상대방에게서 '고맙습니다'라는 말을 들으면 그 말은 천만 원짜리 말입니다. 백만 원을 기부하고 듣는 '고맙습니다'는 백만 원짜리 말입니다. '고맙습니다'라는 말의 가치는 얼마든지 바뀔 수 있습니다. 제가 기부를 하면 기부를 받은 분들도 제게 도움을 주십니다. 구암문구가 잘 되기를 바라고 같은 값이라면 구암문구를 이용하려 하십니다. 기부한 액수 이상의 가치를 되돌려 주십니다. 그래서 저는 신문 방송에 거금을 들여 광고하는 것보다 기부하고 인사드리는 것이 더 낫다고 생각합니다.

Q.

학교 교육을 많이 받지 않으셨는데도 사회생활의 지혜를 갖추고 경영의 본질도 잘 파악하고 계십니다. 초등학교를 졸업하고 여러 경험을 하면서 그런 지혜를 얻은 것인가요?

A.

초등학교를 졸업하고 집에 있다가 새어머니의 구박에 못 이겨 집을 나왔습니다. 시골에 가서 머슴살이를 2년쯤 하다가 울산의 조그만 잡화점에서 일하게 되었습니다. 그때 저는 이렇게 생각했습니다. '부잣집 친구들은 학교에 가서 이론을 공부하지만, 나는 돈이 없어서 학교를 못 가니까 현장에서 공부하겠다.' 현장에서 일하는 것도 공부입니다. 살아가는 것이 모두 공부입니다. 그런 결심으로 열심히 일하고 책도 사서 공부했습니다. 어려운 상황에서도 저는 항상 꿈이 있었습니다. 배고플 때는 밥을 많이 먹는 것이 꿈이었고, 열다섯에 잡화점 막내로 들어갔을 때는 책임자가 되는 것이 꿈이었습니다. 같이 일하던 동료는 모두 형들이었습니다. 공부한다는 마음으로 열심히 일했지만, 그 형들은 저 때문에 자기들이 못난 놈 취급을 받는다며 제게 폭력을 휘두르기도 했습니다. 그래도 열심히 일했습니다. 제 공부를 그들이 해줄 수는 없으니까요. 시간이 나면 주산도 배우고 암산도 배우면서 열심히 일했습니다. 일을 잘 하게 되니 중간 책임자가 되고, 월급도 오르고, 결국에는 총 책임자가 되었습니다. 열일곱 나이에 스무 살 형들을 데리고 일해야 했지만 열심히 공부한 덕에 어렵지 않게 해낼 수 있었습니다. 손님들 중에는 왜 아들을 학교에 안 보내고 잡화점 일을 시키느냐고 주인에게 묻는 사람도 있었습니다. 손님이 그런 오해를 할 정도로 주인이 제게 일을 다 맡겼습니다. 좋은 직장과 나쁜 직장을 따지는 사람들이 있습니다. 그러나 저는 좋은 직장은 스스로 만들어가는 것이라고 생각합니다.

잡화점에서 책임자가 된 후에는 운전을 배우려고 잡화점을 나왔습니다. 주인은 저를 붙잡았지만 기술을 배울 생각으로 뿌리쳤습니다. 대한통운 화물차 조수를 1년 정도 했습니다. 조수 일을 하면서도 운전수가 쉴 때 저는 공부를 열심히 했습니다. 화물차 보닛을 열고 부품을 닦고 풀어보고 청소도 했습니다. 다른 차의 조수들은 동전 놀이나 하면서 시간을 보냈습니다. 같이 놀지 않는다며 시비를 걸어 싸움을 벌이기도 했습니다. 그때 얻은 흉터가 아직도 있습니다. 그러나 굴하지 않고 저는 공부했습니다. 가장 단시간에 면허를 따고 회사에서 인정을 받아 조수였지만 가끔 운전수 역할을 하기도 했습니다. 회사의 인정은 받았지만 운전수로 고용될 가능성은 없었기 때문에 회사를 나왔습니다. 방위병으로 복무하면서 건설회사 막노동판에 들어갔습니다. 거기에서도 공부하는 마음으로 일하기는 마찬가지였습니다. 다른 사람은 감독이 나올 때만 일하는 척하고 감독이 사라지면 놀았지만, 저는 쉬지 않고 일했습니다. 다른 사람들이 놀자고 해도 근무 시간에는 일을 해야 한다며 거절했습니다. 쉬는 시간이 되면 측량하는 곳에 가서 측량을 배웠습니다. 옆에서 눈여겨보고 심부름을 해주었더니 측량보조를 할 수 있었습니다. 면허증이 있었기 때문에 운전수가 안 나올 때는 운전도 했습니다. 현장에서 공부한다는 마음으로 일했더니 그곳에서도 인정을 받을 수 있었습니다. 공사가 다 끝나자 다음 현장에 함께 가자는 제의를 받았지만 그럴 수 없는 처지였습니다. 방위병 근무도 마치지 못했고 아버지가 편찮으셔서 가족도 돌봐야 했습니다. 그러던 와중에 문구점에서 같이 일하자는 제의가 들어왔습니다. 방위병 복무 때문에 못 한다고 했더니 반나절만 일해도 된다고 했습니다. 그때부터 문구업과의 인연이 시작되었습니다. 5년 정도 일하고 총 책임자의 자리에 오른 후에 독립했습니다.

Q.

총책임자의 자리에 올랐을 때 독립을 결심하신 이유가 궁금합니다. 또 어떤 동기에서 기부를 시작하게 되셨는지도 말씀해 주시기 바랍니다.

A.

서른도 안 된 나이에 창업을 했습니다. 1980년 학교 앞 4평짜리 문구점으로 시작했습니다. 그 문구점의 상호는 학생사였습니다. 전 주인이 붙여둔 간판을 그대로 썼습니다. 다 쓰러져가고 먼지가 쌓여 있는 매장을 쓸고 닦아서 시작했습니다. 누님에게 가게를 맡기고, 저는 문구 도매하는 직장에 다니면서 가게에 물건을 공급했습니다. 누님이 열심히 일한 덕분에 1년이 지날 때쯤에는 학생들이 우리 가게로 올 수밖에 없게 만들어 놓았습니다. 그렇게 장사가 잘 되던 어느 날 가게 주인이 부르더니 가게를 비워 달라고 했습니다. 자기 딸에게 문구점을 내주겠다는 것이었습니다. 창업한 지 1년 만에 물건만 들고 쫓겨났습니다. 하는 수 없이 다른 곳에 가게를 얻어서 누님이 장사를 계속했습니다.

제가 직접 운영하는 가게를 차리기 전에 다니던 직장 사장에게 사업을 안정적으로 지속하기 위한 아이디어를 제안했습니다. 작은 도매상을 제가 열심히 노력해서 울산 최고의 도매상으로 만들었습니다. 그렇게 잘 될 때, 문구점을 하고 싶지만 돈이 없는 사람에게 우리 물건을 쓰는 조건으로 울산 곳곳에 점포를 얻어주면 더 안정적으로 수익을 확보할 수 있을 것이라고 제안했습니다. 그렇지만 사장은 그렇게 안 해도 잘 되는 데 뭐 하러 그러느냐며 거절했습니다. 사장은 문구업에 전념하는 대신에 부동산 등 다른 곳에 신경을 썼습니다. 제가 그래서는 안 된다고 만류했지만 소용없었습니다. 그런 상황에 처하자 독립을 결심하게 되었습니다. 사장을 위해서가 아니라 회사와 소비자를 위해서 일했고, 계속해서 소비자를 위해 일하기 위해서는 독립하는 것이 낫다고 판단했습니다. 그렇게 해서 시청 앞에 구암문구 첫 매장을 열게 되었습니다.

기부와 관련해서는 열일곱 살 때 경험한 일이 떠오릅니다. 고아 한 사람이 가게에 취업을 하러 왔습니다. 주인은 고아는 버릇이 나쁘다며 안 된다고 했습니다. 하지만 저는 고아도 사람이고, 고아라고 내치면 그들은 어디서 일을 할 수 있느냐며 제가 책임질 테니 채용하자고 말했습니다. 안타깝게도 그 아이는 일 년쯤 후에 결국 사고를 쳤습니다. 고아원에 있는 동생을 위하다 보니 손버릇이 나빴습니다. 어쩔 수없이 그 아이를 내보냈지만, 그 뒤로도 어려운 사람을 볼 때면 도와주고 싶은 마음이 들었습니다. 그래서 구암문구를 시작할 때부터 매장 근처에 있던 고아원을 찾기 시작했고, 결혼해서는 아이들과 함께 양로원에 찾아가 식사도 대접하고 목욕도 시켜드렸습니다. 그렇게 처음에는 작게 시작했던 일이 사업이 성장하면서 규모가 커졌습니다.

Q.

그동안 많은 역경을 이겨내셨습니다. 보통 그런 분들은 자신의 경험을 내세워 모든 것을 자기 위주로 판단하고 자신의 이익만을 챙기려는 경향이 있습니다. 박 대표님께서는 그런 경향에서 벗어나 타인과 사회를 위해 봉사하면서 살고 계신데, 어떻게 그런 경향에서 벗어나시게 될 수 있었는지 궁금합니다.

A.

흔히 나와 우리를 가르고, 사적인 일과 공적인 일을 나눕니다. 또 '내 아이가 먹는 심정으로 만들었다'라는 광고도 있고, '네 것이니 아껴 써라'라는 말도 합니다. 그런데 '우리' 속에 '나'는 포함될 수 있지만, '나' 속에 '우리'는 넣을 수 없습니다. '우리'야 어떻든지 '나'부터 살고 보자고 생각하는 사람이 많지만, 저는 반대로 생각합니다. 우리가 잘 되어야 그 속에 포함된 나도 잘 되는 것이지, 우리가 망하면 어떻게 삽니까? 나라가 망해가고 혼란스러운데 국민이 잘 살 수 있습니까? 나라가 잘 되어야 합니다. 그래서 저는 항상 우리가 잘 되는 사회를 먼저 생각합니다. 물론 똑같이 잘 살 수는 없습니다. 열심히 일하는 사람이 있으면 게으른 사람도 있고, 바보도 있고 똑똑한 사람도 있지만, 항상 우리라는 테두리 안에서 생각해야 합니다. 번거롭더라도 공적인 삶을 위해 무엇인가를 해야겠다는 생각을 항상 마음에 품고 있습니다. 모든 것을 다 내주는 희생을 할 수는 없더라도, 제가 할 수 있는 범위 내에서는 충분히 해야 한다고 생각합니다. 교육도 마찬가지일 것입니다. 선생님이 학생에게 '네 책상을 아껴 써라'라고 말하는 것은 잘못된 교육입니다. '자기 집에 있는 책상은 자기 것이니 낙서를 하든 뭘 하든 괜찮지만, 이것은 공동으로 쓰는 것이니 아껴 써라'라고 말해야 맞습니다. '내 아이가 먹는 심정으로 만들었다'가 아니라 '우리 아이가 먹는 심정으로 만들었다'가 맞는 것 아닐까요? 내 아이만 좋은 것 먹이고 옆집 아이는 안 좋은 것 먹여도 되는 것은 아닐 것입니다.

Q.

구암문구에서는 카페도 운영합니다. 그런데 운영 방식이 다른 곳과는 차이가 있는 것으로 알고 있습니다. 그 이유에 대해 말씀해 주십시오.

A.

카페는 시민들에게 만남의 장소를 제공해주기 위해서 만들었습니다. 주변 사람들은 모두 유료로 이용하게 해야 한다고 말했습니다. 무료 카페를 운영하는 곳은 전국적으로도 찾을 수 없었기 때문에 그런 반응이 나오는 것은 당연했습니다. 그러나 저희는 무료에 가까운 방식으로 운영하고 있습니다. 구암문구를 이용하는 고객들에게는 적립된 포인트를 기준으로 커피를 드립니다. 포인트가 없는 분들을 위해서는 기부함을 마련해 두었습니다. 천 원이든 이천 원이든 형편에 따라 기부를 하면 저희는 그 분께 음료수를 기부합니다. 기부함에 모인 돈은 모두 외부 기관에 기부합니다. 참고로 말씀드리면, 구암문구 카페에서는 시중의 커피전문점에서 쓰는 원두보다 가격이 2배 가까이 비싼 것을 사용합니다. 직원들은 그렇게 비싼 것을 쓸 필요가 없다고 했지만, 저는 그렇게 생각하지 않습니다. 돈 받고 파는 것은 가격만큼의 가치만 있지만, 서비스로 나가는 것은 그 가치를 따질 수 없습니다. 그래서 서비스는 최대한 좋은 것을 줘야 합니다. 100원짜리 커피 서비스는 요즘 너무 흔하니, 우리는 좀 더 좋은 것을 서비스로 드리자고 해서 질 좋은 원두를 사용하고 있습니다.

Q.

구암문구 매장은 모두 울산에만 있습니다. 사업이 잘 되는데도 다른 지역으로 확장하지 않은 이유는 무엇인가요?

A.

저는 울산 사람입니다. 아직까지 울산에도 지역마다 다 못 만들어 줬는데 다른 지역까지 생각할 수가 없습니다. 제가 매장을 내는 데에는 돈을 벌기 위한 것보다 더 큰 이유가 있습니다. 저는 그 지역 사람들, 동네 사람들의 편리를 위해서 매장을 냅니다. 그러다보니 쉽게 매장을 낼 수가 없습니다. 임대를 해서 매장을 내거나 작은 매장을 내려고 하면 얼마든지 쉽게 매장을 열 수 있습니다. 그러나 다양한 물건으로 구색을 갖추고, 앞서 말씀드린 것처럼 사막에 밀림을 만들려고 하면 어느 정도 규모가 있어야 합니다. 그렇게 하려면 부지를 사고 건물을 직접 지어야 하니까 비용이 엄청나게 들어갑니다. 은행에서 수십 억을 빌려서 제대로 된 서비스를 할 수 있는 매장을 만들어야 합니다. 그래야 그 지역 사람들이 편리하게 이용할 수 있습니다. 시내에 안 나와도 되고, 저녁 되면 아이들 손잡고 와서 구경도 할 수 있습니다. 무조건 매장을 많이 내려고 하면 서비스도 제대로 할 수 없을 뿐더러 망하는 지름길이 될 수 있습니다. 산에 가파르게 올라가면 가파르게 내려와야 합니다. 낭떠러지를 줄 타고 급히 올라가다가는 자칫 잘못하면 떨어져 죽을 수 있습니다. 사업도 똑같습니다. 누군가는 '저 사람 돈 벌러 왔지, 우리 지역에 무슨 좋은 일을 해주겠어'라고 생각할지 모르지만, 저는 매장을 내는 것이 지역민을 위한 봉사라고 생각합니다. 이익을 많이 남기기보다는 '울산 시민이 편리하고 행복하면 나도 행복하다'라는 말을 실천하려고 노력합니다.

Q.

취급하는 품목이 많다고 하셨는데, 그 품목수가 얼마나 되고 재고 관리는 어떻게 하며, 1년 매출액은 얼마나 되는지 궁금합니다. 또 울산대를 포함해 여러 곳에 거금을 기부하셨는데, 그렇게 기부하시는 것에 대해 가족들은 어떻게 생각하시는지도 궁금합니다.

A.

취급 품목은 컴퓨터상에는 11만3천 가지가 등록되어 있는데, 실제로는 8만 가지 정도 됩니다. 컴퓨터에 있는 것과 현장에 있는 것을 정확하게 일치시켜 재고를 관리하려고 하면 사업을 할 수가 없습니다. 전체적으로 한 달에 물건이 5억이 들어오고 매출이 6억인데 재고는 그 위치 그대로 어느 정도 있다고 하면 1억 정도 보충을 해야겠구나 정도로 생각합니다. 전체 금액을 정리하지 품목 하나하나 일일이 정리하지는 못합니다. 하나하나 재고를 정리하려고 하면 문 닫고 재고 정리만 하고 있어야 합니다. 전에 어떤 사람이 그러던데, 매출액을 사실대로 가르쳐주면 바보랍니다. 세금을 적게 내려고 매출을 속이는 일이 많을 때 나온 말일 것입니다. 그렇지만 저는 버는 만큼 100% 정확하게 세금을 낼 수는 없어도 100% 가까이 내려고 노력합니다. 그래서 말씀드리자면, 누님 명의로 되어 있는 구영리 매장의 매출까지 합하면 100억이 넘습니다.

지금까지 얼마나 기부했는지는 정확하게 집계하거나 기록을 하지는 않습니다. 다만 돈이든 물건이든 아니면 다른 것으로든 한 달에 천만 원은 기부하려고 합니다. 지금 현재는 그렇고, 앞으로도 늘면 늘었지 줄지는 않을 것입니다. 사업이 커지면 그만큼 기부도 늘어날 것입니다. 제 아내는 사업에는 전혀 관여하지 않습니다. 구멍가게를 시작할 때부터 사업은 제가 맡고 아내는 살림을 맡는 식으로 역할을 구분했습니다. 그래서 아내는 제가 아무리 바빠도 가게일은 도와주는 법이 없습니다. 가게 돌아가는 것도 모르고, 직원 이름도 잘 모릅니다. 아내가 매장에 와도 몰라보는 직원이 절반입니다. 그런 아내도 남들에게 기부하는 것을 그리 달갑게 여기지는 않았습니다. 생활비는 조금 가져다

주면서 남들한테 기부는 많이 한다고 불평할 때도 있었습니다. 지금도 여전히 월급을 타면 생활비를 통장으로 넣어줍니다. 아내가 적다고 불평할 때면 이렇게 이야기합니다. "이것은 내 돈이 아니다. 나 개인의 돈이 아니라 구암문구의 돈이다. 내 마음대로 줄 수 없다. 공금이라고 생각하고 주는 범위 내에서 살아라." 요즘은 아내도 익숙해져서 제가 기부하는 것에 대해 크게 신경 쓰지 않는 편입니다.

Q.

박 대표님께서는 기부하는 데서 즐거움을 느끼시는 것 같은데, 역으로 남에게 기부를 받고 즐겁고 행복했던 기억이 있는지 궁금합니다.

A.

물질적으로 기부를 받은 기억은 없고, '참 열심히 잘 한다'라는 말을 들은 것이 마음으로 기부를 받은 것이라고 생각합니다. 사업을 하다가 실패해서 두 번째로 쫓겨났을 때 들은 말이 '쥐구멍에도 볕 들 날 있다'와 '내일 지구에 종말이 오더라도 나는 한 그루의 사과나무를 심겠다'라는 말이었습니다. 그 명언 때문에 오늘의 제가 있다고 생각합니다. 열심히 노력했지만 외적인 요인 때문에 세 들어 사는 건물이 경매에 넘어갔습니다. 전세금을 다 떼이고 당장 쫓겨나야 될 형편인데, 아버님은 폐암에 걸리셔서 병원에 입원하고, 말썽을 부린 이복동생 때문에 경찰서와 학교에 불려 다녀야 했습니다. 아무리 열심히 해도 안 되는구나 하는 생각이 들어 인생을 포기할 생각도 했습니다. 그때 그 명언들을 떠올리며 삶을 포기하지 않을 수 있었습니다. 그

구암문구 삼산점 옥상에 조성한 하늘정원

명언의 가치가 얼마짜리겠습니까? 옛말에 '말 한마디로 천 냥 빚을 갚는다'라고 했는데, 그 말 한마디가 천 냥짜리입니다. 할 수 있는 사람한테 "넌 할 수 없어. 이 바보 같은 것아. 넌 그것도 못하냐."라고 말해서 그 사람을 죽음으로 내몰았다면, 그것은 그 사람에게 수억, 수십억, 수백억이 될 지도 모를 피해를 주는 것입니다. 위로의 말 한 마디가 제가 받은 가장 큰 기부였습니다. 돈보다 몇 십 배 더 소중한 기부를 사회로부터 받았습니다.

Q.

기부 외에 청소년을 위해 봉사도 많이 하시고, 특히 구암문구에서는 손버릇이 안 좋은 청소년들을 독특한 방법으로 계도하는 것으로 알고 있습니다. 그에 관해 소개해 주십시오.

A.

문방구에는 청소년들이 갖고 싶어 하는 물건이 많습니다. 손버릇이 나쁜 애들도 있지만 대다수는 호기심이나 영웅 심리로 물건을 훔칩니다. 처음에는 그런 일이 있을 때마다 "네가 돈이 없어서 그런 거냐. 다음에는 이러지 마라. 정 돈이 없으면 내가 줄게."라고 말하며 물건을 그냥 줬습니다. 그 다음에는 부모님을 불러다가 "이런 일이 있었습니다. 집에 가서 선도를 잘 해주세요."라고 부탁했습니다. 또 적발되면 경찰서로 보낸다고 엄포를 놓기도 했습니다. 그래도 어떤 아이들은 말을 잘 듣지 않습니다. 그러면 경찰서에 전화해서 벌을 주기보다 지도를 해달라고 부탁하기도 했습니다. 그러다가 처벌보다는 선도가 중요하므로 선도를 위한 방법을 생각해냈습니다. 물건을 훔치는 아이들이 적발되면 이렇게 이야기합니다. "일순간 잘못으로 죄를 지었으니 너도 봉사를 해라. 물건 값의 일부라도 봉사를 해서 번 돈으로 기부하고, 그 영수증을 가져오면 없었던 것으로 해 줄게." 물건 값을 받는 대신 봉사하고 기부하게 하는 것이 선도를 위해 더 적절한 방법입니다. 절도하다 발각되면 몇 십 배 변상을 요구하는 곳도 있지만 그것은 바람직한 방법이 아닙니다. 피해를 보상받는 것보다 청소년 선도가 더 중요하니까요.

Q.

박 대표님 소유의 건물에서는 옥상에 정원을 가꾸고 닭도 키운다고 들었습니다. 그렇게 하신 이유가 궁금합니다.

A.

1997년에 매장 건물 옥상에 정원을 만들어 숲을 조성한다고 했더니 미친놈이라는 소리를 들었습니다. 외환 위기로 어려운 시기에 돈 한 푼 안 나오는 조경을 왜 하느냐고 난리였습니다. 차라리 컨테이너박스를 올리고 가건물을 지어서 임대료나 받으라는 말도 들었습니다. 그런 이들에게 이렇게 이야기했습니다. "나 때문에 환경이 파괴되는 것은 용납할 수 없다. 이 땅에 건물을 지어 100평의 녹지가 없어지면 반드시 어딘가 그만큼 복원해 주어야 한다." 그래서 옥상을 가꾸게 되었는데, 남들은 그것을 조경이라고 말하지만 저는 조경이라고 생각하지 않습니다. 다양한 생물이 살아갈 환경을 만들어 주는 것, 생태를 복원하는 것이라고 생각합니다. 조경은 사람이 보려고 예쁘게 만들어 놓은 것일 뿐입니다. 옥상을 가꿔 숲이 우거지면 물과 공기가 정화되어 도시가 맑아집니다. 미세먼지를 줄일 수도 있고 도심의 온도도 내려갑니다.

저희가 만든 옥상의 숲은 자연처럼 가만히 놓아두어도 스스로 유지됩니다. 옥상의 숲이 자연적으로 굴러가게 하기 위해서는 물 문제를 해결해야 합니다. 저희는 식당에서 쓰는 물을 옥상으로 올려 보냅니다. 쌀이나 채소를 씻고 헹구는 물을 옥상으로 보내 숲을 가꿉니다. 닭을 키운다고 말씀하셨는데, 저희는 닭을 키우지 않습니다. 닭을 키우는 것은 모이를 주고 사람이 관리를 하는 것을 말하는데, 저희 옥상에 있는 닭들은 스스로 알아서 살아갑니다. 식당에서 나온 음식물 쓰레기를 옥상에 버리면 닭들이 그것을 청소해줍니다. 월급도 주지 않고 닭을 청소부로 고용한 셈입니다. 음식물 쓰레기가 적으면 풀도 뜯어 먹고 옥상 숲

에 사는 지렁이나 개구리도 잡아먹습니다. 그러면서 고맙게도 알까지 낳아줍니다. 이런 식으로 자연 생태계를 유지하고 있습니다. 울산시나 대학에서도 저희 사례를 참고하여 자연을 보전하고 생태를 복원하는 방법을 연구하고 개발했으면 좋겠습니다.

06

변화에 대한 열망과 긍정의 힘

2017년 8월 31일 강연

전 울산지법원장

이기광

주요 약력

1955년	경상북도 군위 출생
1981년	영남대학교 법학과 졸업
1983년	사법시험 25회
1985년	사법연수원 15기
1986년	전주지방법원 군산지원 판사
2001년	대구지방법원 부장판사
2008년	대구고등법원 부장판사
2012년	대구고등법원 수석부장판사
2012년	경상북도 선거관리위원회 위원장
2016년	제18대 울산지방법원 법원장
2016년	울산광역시 선거관리위원회 위원장

리더십 포인트

변화에 대한 열망과 긍정의 힘

이기광 울산지방법원장이 걸어온 길은 변화에 대한 열망과 긍정의 힘이 한 사람과 사회를 어떻게 바꾸는지를 알려줍니다.

이 법원장은 자신의 생애를 3단계로 나누어 전해줍니다. 먼저 출생에서 사법 연수원을 수료하고 판사가 되기까지 31년간으로, '연속된 시련 속에서 꿈을 찾고 꿈을 이룬 시기'라고 합니다. 다음은 판사가 된 이후부터 퇴직하기까지 32년 정도의 시기인데, '치열한 자기 성취의 시기'로 정리합니다. 마지막은 판사직을 은퇴한 후로 '고요한 성찰의 시기'라 명명합니다.

1. 시련과 그 극복

첫 단계는 세 가지 시련을 순차적으로 겪고 이를 극복하는 시간이었습니다. 우선 '현실이 준 숙명적 시련'인 시골 소년의 삶을 극복하고 대도시(?!)인 대구의 고등학교로 진학하는 과정을 얘기해줍니다. 고2때의 '예기할 수 없었던 시련'인 농약 중독사고, 이로 인한 지체장애와 장애를 극복하기 위해 목발이 아닌 지팡이 두 개를 짚고 다닌 이야기, 화장실에 자주 가지 않는 습관을 깃들인 이야기는 눈물겹습니다. '변명할 수 없는 시련과 참담한 좌절'이라고 얘기하는 대입 4수 끝에 영남대에 들어가게 된 것은 오히려 사법시험을 무난히 합격하고 좋은 연수원 성적을 거두게 된 계기가 되었을 것입니다.

2. 치열한 자기 성찰

두 번째 단계는 판사가 되고 난 다음부터 아직도 진행형인 '치열한 자기성취의 시기'입니다. 장애가 있는 몸으로 판사 생활을 한다는 것의 어려움과 그 극복으로서의 치열한 삶을 소개합니다. 장애가 있기 때문에 현장검증에 더 열성적이어서 문제를 해결하게 된 에피소드를 전해줍니다. 이 에피소드는 머리가 아니라 몸으로 하는 공부의 중요성을 얘기하기도 합니다.

3. 꿈의 전달자

미래의 삶은 청소년들이나 장애인들에게 꿈을 전하는 봉사의 시간으로 잡고 있습니다. 이 법원장은 현실을 이겨낼 수 있었던 원동력은 변화에 대한 갈망과 분명한 목표 설정이라고 결론짓습니다.

오문완 교수

걸어온 길과 걸어갈 길

제 삶에 관심을 가져주시고 이 자리에 초청해주셔서 대단히 감사합니다. 남다른 좌절의 시간도 있었지만, 제 삶을 되돌아보면 전체적으로는 지극히 평범했던 것 같습니다. 이야기의 편의를 위해 제 삶의 과정을 크게 세 단계로 나눠 봤습니다. 첫 번째 단계는 출생에서 사법 연수원을 수료하고 판사가 되기까지 31년간입니다. 저는 이 기간을 '연속된 시련 속에서 꿈을 찾고 꿈을 이룬 시기'라고 정리해봤습니다. 두 번째 단계는 판사가 된 이후부터 퇴직하기까지 32년 정도의 시기입니다. 이 시기는 '치열한 자기 성취의 시기'로 정리했습니다. 세 번째 단계는 판사직을 은퇴한 후 얼마가 될지 모르는 미상의 기간으로 '고요한 성찰의 시기'라 명명했습니다.

첫 번째 단계인 '연속된 시련 속에서 꿈을 찾고 꿈을 이뤄가는 시기'는 과거의 삶에 해당합니다. 이 시기에 의미 있는 세 가지 시련을 시차를 두고 순차적으로 겪었습니다. 첫 번째 시련을 '현실이 준 숙명적 시련'이라고 이름 지어 봤습니다. 아마도 이 시련은 동시대 농촌 청소년들이 보편적으로 겪었던 시련이 아닐까 합니다. 저는 1955년 전형적인 농촌에서 출생했습니다. 제가 태어난 마을은 살아가는 모습이나 방법이 똑같았습니다. 다 같이 농사를 지으며 살았고 재배하는 작물도 같았습니다. 다른 점이라면 경작하는 면적에 조금 차이가 있다는 정도였습니다. 삶의 패턴은 시간적으로도 변화가 없었습니다. 지금 하는 일은 작년 이맘때 했던 일이고, 내년 이맘때 할 일은 지금 하고 있는 일이었습니다. 이러한 삶의 패턴은 아버지로부터 아들에게 그대로 답습되었습니다. 그런 숨 막히는 현실이 제게는 커다란 시련이었습니다. 대부분의 마을 청소년들은 그런 현실을 받아들이고 체념했지만, 저는 그런 현실을 시련으로 인식했습니다. 그리고 그것이 의미 있는 삶의 출발점이 되었습니다. 당시 저는 현실감각이 있었고 자존감이나 성취감도 강한 편이었습니다. 그런 저로서는 현실을 회피할 수도, 그렇다고 현실에 안주할 수도 없었습니다. 질식할 것 같은 현실을 벗어날 수 있는 길은 농촌을 떠나는 것이라고 생각했고, 농촌을 떠나려면 대도시로 진학해야 한다고 생각했습니다. 대구의 고등학교로 진학하되 제가 자긍심을 갖고 공부할 수 있는 학교에 입학해야겠다고 결심했습니다.

그렇게 결심은 했지만 제 앞에는 현실적 벽이 두 가지 있었습니다. 첫 번째 벽은 공부가 부족했다는 것이었고, 두 번째 벽은 불합리한 입시제도였습니다. 당시에는 동일계 무시험제도라는 것이 있어 같은 울타리에 있는 중학교에서 고등학교로 진학할 때는 시험

을 치르지 않아도 되었습니다. 대구로 나가기로 했으니 일단 제일 좋은 고등학교에 들어가려고 마음을 먹고 경북고등학교에 지원했습니다. 경북고등학교의 신입생 정원은 600명이었지만, 동일계 무시험제도로 인해 외부 중학교 출신들에게 할당된 정원은 120명에 불과했습니다. 예상대로 경북고등학교는 떨어졌고 2순위로 염두에 두었던 대구고등학교에 지원했습니다. 대구고등학교도 입학하기가 만만치 않았습니다. 시골에서는 간간히 농사일도 도와야 해서 입시 공부에 전념하기 어려웠습니다. 중학교 3학년 말쯤 가을 추수를 마치고 나니 이 상태로는 큰일 나겠다는 생각이 들었습니다. 한두 달 동안 영어를 비롯해 부족했던 과목을 집중적으로 공부했습니다. 그 결과 대구고등학교에 합격할 수 있었고, 그것은 제게 작은 성공을 체험하는 기회가 되었습니다.

두 번째 시련은 '예기할 수 없었던 시련'으로, 고등학교 2학년 여름방학 때 겪은 농약 중독 사고입니다. 여름방학을 이용해서 부족한 영어를 보충하려고 고향에 내려가지 않고 대구의 고종형님 댁에서 지냈습니다. 여름이라 쌀에서 벌레가 나오자 고종형님은 농약을 구해왔습니다. 약방에서 가르쳐준 대로 그 약을 조그만 주머니에 넣어 쌀자루 군데군데 찔러두었습니다. 그랬더니 농약이 쌀에도 스며들었던 모양입니다. 그 쌀로 지은 밥을 방학 내내 두 달 가까이 먹었습니다. 개학 다음 날인 토요일 체육시간에 운동장에 나가는데 발끝이 들리지 않습니다. 심각하게 생각하지 않고 주말이라 고향에 내려갔더니, 부모님들이 제 증세를 보고 깜짝 놀라셨습니다. 다음 날이 일요일이라 병원 문은 다 닫혀서 한의원에 갔습니다. 그런데 한의원에 가는 도중에 얼굴에 경련이 일어나고 걸을 수 없는 등 중독 증세가 나타났습니다. 한의사도 손 쓸 도리가 없어 구급차를 불렀습니다. 경북대 병원으로 가는 구급차 속에서 저는 의식을 잃었습니다. 병원에 도착하자 담당 의사는 "혹시 농약 먹은 거 아니냐?"라고 묻더랍니다. 당연히 부모님은 공부하는 애가 농약 먹을 일은 없을 것이라 생각하셔서 없다고 대답하셨습니다. 그런 탓에 원인을 알기까지 두세 달이 걸렸습니다. 하지만 그때는 이미 손 쓸 시기가 지난 뒤였습니다. 넉 달 쯤 후에야 퇴원했습니다. 퇴원은 했지만 다리가 마비되어 걷기 힘들었고, 조금 지나니 손도 마비되어 숟가락을 들지 못할 정도였습니다. 그런 상태로 서너 달이 지난 후에야 손이 조금 풀렸고, 그때부터는 무언가를 붙잡을 수 있어서 재활훈련을 시작할 수 있었습니다.

몇 달 후에는 지팡이를 짚고 걸을 수 있을 정도가 되어서 휴학한 지 1년만인 1973년 11월 21일에 복학했습니다. 전혀 예상하지 못했고 견디기 어려운 상황이었습니다. 그런데도 제가 그 상황을 견딜 수 있었던 것은 현실에 적응할 수 있는 능력이 조금 있었기 때문인 것 같습니다. 현실에 안주하지는 않으면서도 현실에 적응하려 노력했습니다. 현실에 안주하지 않으려고 대학에 다닐 때까지 목발을 사용하지 않았습니다. 대신 지팡이 두 개를 짚고 다녔습니다. 현실에 적응하기 위해 노력했던 사례 중 하나는 화장실에 자주 가지 않는 습관을 들였던 것입니다. 당시 제 교실은 2층에 있었는데 화장실은 1층에 있었습니다. 쉬는 시간은 너무 짧아 점심식사 시간에나 화장실에 갈 수 있었습니다. 그래서 아침에는 물이나 국에는 거의 손대지 않고 밥만 먹고 학교에 갔습니다. 그래야만 점심시간에 한 번 화장실에 다녀오고 집에 올 때 한 번 더 들를 수 있는 정도가 되었습니다. 습관을 들이려 노력하니 시간이 지날수록 몸도 적응해 갔습니다. 남들에 비해 강했던 자존감과 성취욕도 어려운 상황을 극복하는 데 도움이 되었습니다. 저는 '조금 어려운 일에 도전해서 이 장애를 이겨야겠다'라고 생각했고, 판사가 되는 것을 도전 목표로 설정했습니다. 장애를 극복하는 데 도움이 되었던 세 번째 요소는 타고난 긍정적 마인드입니다. 장애를 입기는 했지만, 공부하려고 대구로 나왔는데 공부는 서서 하는 것도 아니고 걸어 다니면서 하는 것도 아니고 그냥 앉아서도 할 수 있는 것이라 생각하고 공부를 계속했습니다. 물론 가족 또한 제가 시련을 견디게 해준 가장 큰 힘이었습니다. 병원에 실려 와 의식이 온전하지 못한 때였지만 자식을 살려 달라며 의사에게 절규하던 어머님 모습은 또렷하게 머리에 남았습니다. 병실에서 의식을 되찾았을 때 목격한, 아버님이 산을 바라보며 눈물을 흘리던 모습도 잊을 수 없었습니다. 6형제 중에 장남인 저로서는 저 때문에 동생 다섯이 기가 죽어 있는

고등학교 1학년 때의 이기광 법원장(앞줄 왼쪽에서 두 번째). 진료를 받을 때마다 이기광 법원장을 업고 다녔던 친구 노태율(뒷줄 왼쪽에서 다섯 번째).

모습을 보는 것도 마음이 편치 않았습니다. 그런 가족들을 바라보면서 저는 행여나 피해의식을 드러내서 가족들을 불편하게 하지 않으며, 희망을 잃거나 자포자기하는 모습을 보여주지 않는 것이 제가 가족들에게 할 수 있는 최선의 배려라고 생각했습니다.

마지막으로 겪은 시련은 '변명할 수 없는 시련과 참담한 좌절'입니다. 장애를 극복하는 가장 효과적인 지름길은 좋은 대학에 가는 것이란 생각이 들었습니다. 그래서 서울에 있는 유명 대학에 지원했습니다. 아버님 등에 업혀 다니며 시험을 치렀지만 세 번이나 시험에 떨어졌습니다. 모든 것이 무너지는 느낌이었습니다. 장애가 있어도 공부를 해서 극복할 수 있다고 믿었는데 뜻대로 되지 않으니 참으로 견디기 힘들었습니다. 한 번 더 도전하고 싶었지만, 아버지 보기가 미안해서 다시 시험 보겠단 얘기를 못하였습니다. 그래서 영남대학교에 지원해 천마장학생으로 합격했습니다. 등록금을 안 내도 되고 교재비 등 약간의 생활비도 지급되었습니다. 영남대에 마음을 붙이고 있던 중에 아버님이 위암 수술을 받으셨습니다. 위를 2/3 가량이나 잘라냈지만 다시 재발했고, 결국 제가 대학 2학년 때 아버님이 돌아가셨습니다. 슬픔을 견디기 힘들었지만, 홀로 남은 어머님과 동생 다섯을 생각하며 이를 악물었습니다. 장학금을 놓치지 않기 위해 치열하게 공부했고 생활비를 마련하기 위해 틈틈이 과외 지도도 했습니다. 1학년 때는 전공 공부를 거의 못하다 2학년 때부터 본격적으로 법서를 읽었습니다. 다행히 법서를 읽는데 큰 무리는 없었고 공부하는 재미도 있었습니다. 그래도 여러 번 입시에 낙방한 경험이 있는지라 사법시험을 보면서도 역시 불안감이 떠나지 않았습니다. 3학년 말에 처음으로 사법시험 1차에 도전했습니다. 1차 시험에 합격하지 못하면 공부할 수 있는 용기와 의욕이 사라질 것 같아 시험 치르기 전 세 달 동안은 아르바이트도 그만두고 공부에만 집중했습니다. 다행히 1차는 합격했지만 2차 시험은 보러가지 않았습니다. 준비도 부족했고 몸이 불편해 시험을 치러 가기도 쉽지 않았습니다. 그때가 사법시험 22회였습니다. 금세 합격할 것 같았지만, 이듬해 23회에 이어 24회 시험에도 낙방했습니다. 25회가 되어서야 합격할 수 있었습니다. 그런데 저의 최종 목적은 사법시험에 합격하는 것이 아니라 판사가 되는 것이었습니다. 사법시험에 합격하고 사법연수원에 들어가 공부하는데, 판사가 되려면 연수생 300명 중에 100등 안에 들어야 했습니다. 다행히 공부하는 데는 크게 무리가 없었고 성적도 순위 안에 들었습니다. 몸이 불편한 처지라 법관 면접을 보는 순간까지도 판사를 해도 되는 것인지 확신이 서지 않았지만 저는 결국 판사가 되었습니다.

판사가 되고 난 다음부터 아직도 진행형인 '치열한 자기성취의 시기'가 시작됩니다. 장애가 있는 몸으로 판사가 되고 나니 여러 곳에서 관심을 보였습니다. 어느 날은 지역 신문사에서 인터뷰하러 와서는 첫 번째로 던지는 질문이 "판사로서 포부가 뭐냐?"는 것이었습니다. 저는 당시 제 역량이나 제가 처한 상황으로 보아 훌륭한 판사가 되기는 어렵고 평균적인 판사가 되어야겠다고 생각하고 있던 차라 "욕먹지 않는 판사가 되겠다"라고 대답했습니다. 하지만 그 기자는 제 말이 마음에 안 들었던 모양인지 제 대답 대신 '약자의 편에 서서 정의로운 재판을 하겠다고 당당하게 포부를 밝혔다'라고 썼습니다. 그 후 얼마 지나지 않아 욕먹지 않는 판사가 되는 것이 정말 어렵다는 걸 알았습니다. 재판받는 사람이 성인군자는 아니니 불리한 재판을 받으면 욕을 안 할 리 없습니다. 그때서야 제가 잘못 대답했다는 생각이 들었습니다. 기자가 썼던 말도 받아들이기 어렵기는 마찬가

틈날 때마다 재판 관련 기록 검토에 몰두하던 판사 시절 모습

지였습니다. 약자라고 늘 옳다는 보장은 없으니 약자의 편에 서는 것이 항상 정의로운 것은 아닙니다. 그런 경험을 하고 나서야 제 포부를 이렇게 정할 수 있었습니다. '진실의 편에 서서 약자에게도 정의로운 재판을 하는 것', 그것이 판사로서 저의 포부입니다.

저는 판사에게 필요한 덕목을 세 가지로 정리합니다. 첫 번째로 판사는 판사로서의 내면적 자긍심이 있어야 합니다. 자긍심을 겉으로 표현해서 이야기하면 자만이나 오만이 됩니다. 자긍심을 갖되 가슴에 묻어두어야 합니다. 그것은 올바른 판단을 뒷받침하는 기초가 되어야 할 뿐 겉으로 드러나서는 안 됩니다. 두 번째는 겸허한 마음을 가져야 한다는 것입니다. 재판은 신의 영역이라고 생각합니다. 인간의 능력에는 한계가 있어 신처럼 완벽한 판단을 내릴 수 없습니다. 윤리적으로도 신처럼 완벽할 수 없습니다. 그러므로 인간인 판사는 재판하면서 자신이 부족하다는것을 아는 겸양의 마음을 지녀야 합니다. 자신이 부족하다는 것을 알아야 최선을 다 하려는 동기가 생겨납니다. 법원장이 되기 전까지 30년 동안 재판을 했지만, 제 판결이 다 옳았다고 어떻게 장담할 수 있겠습니까? 항상 겸허한 마음을 가지는 것이 잘못된 판결을 최소한으로 줄이는 길입니다. 세 번째는 일하는 재미를 느낄 수 있는 지혜가 있어야 된다는 것입니다. 평생 일하며 살아야 하는데, 그 일을 생계수단만으로 여기거나 의무감으로만 한다면 즐거울 리 없습니다. 일을 잘 하려면 일이 재미가 있어야 합니다. 일이 재미있으면 몰두하게 되고, 몰두하면 어떤 지혜가 주어집니다. 그래야 올바른 판단을 내릴 수 있습니다. 판사로서 재미를 느낄 수 있는 요소는 많습니다. 가끔 주변 사람들이 제가 듣기 좋으라고 '많이 힘들겠다'거나 '고뇌가 많겠다'라고 이야기합니다. 물론 고맙습니다. 그러나 재판 받는 당사자의 입장에서는 '재밌다'라는 말이 어폐가 있을지 모르지만 저는 판사가 재판을 즐겁게 하는 것이 재판 받는 사람에게도 좋은 것이라고 생각합니다. 재판이 즐거워야만 재판 받는 사람의 입장을 깊이 헤아릴 수 있을 테니까요.

판사로서 저 자신에게 바랐던 모습이 몇 가지 있습니다. 첫째로 저는 사심 없이 재판에 몰입하는 판사가 되고 싶었습니다. 판사가 경계해야 할 것 중에 하나는 재판을 통해 명예나 지위를 얻으려는 욕심입니다. 그런 사심을 안고 재판에 임하면 결론이 왜곡될 수 있습니다. 그래서 저는 항상 돈은 물론이고 명예와 지위도 내려놓은 채 오로지 재판에만 몰입하려고 노력했습니다. 두 번째는 앞서 말씀드렸듯이 재판을 통해 보람과 성취감을 얻는 판사입니다. 어떤 재판의 경우에는 사방이 벽으로 막혀 있어 아무런 빛도 없는 상황에 놓인 것처럼 무엇이 진실인지 가려내기 힘들 때가 있습니다. 그러다 오랫동안 자료를 보고 사건의 얼개를 머릿속에 집어넣은 후 일정 정도 숙성의 시간이 지나면 사건 전체가 쫙 그려지는 영감이 들 때가 있습니다. 그것을 논리로 풀어내 정리하면 명쾌한 결론이 나옵니다. 그럴 때의 기쁨은 돈으로 살 수 없는 것입니다. 그것이 판사가 얻을 수 있는 성취감이고 보람일 것입니다. 세 번째로는 진실 발견에 게으르지 않고 발견한 진실을 외면하지 않으며 정의로운 재판을 위해서 노력하는 판사입니다. 미래의 언젠가 제가 지금 하는 판결이 제 앞에 나타났을 때 그 판결을 보고 부끄럽지 않아야겠고 생각했습니다. 비록 객관적으로 잘못된 판결로 보일지라도 그렇게 판결할 수밖에 없는 상황이었다는 것을 설명할 수는 있어야 한다는 자세로 재판에 임했습니다. 네 번째는 재판받는 사람에게 마음의 상처를 주지 않도록 배려하는 판사입니다. 재판에서 패소하는 당사자는 마음의 상처를 입게 되고, 더구나 제 능력이 부족해서 잘못 내린 판결로 패소했다면 그 상처는 정말 클 것입니다. 그래서 저는 제 판결로 상처를 입은 사람을 배려하는 판사가 되려고 노력했습니다. 판결이 치유의 기회를 제공하고 궁극적으로는 꿈의 씨앗을 나눠주는 계기가 되기를 바랐습니다. 돌이켜보면 험한 시련을 많이 겪었기 때문에 힘든 사람의 아픔을 헤아릴 수 있는 눈을 가질 수 있었다고 생각합니다.

이제 마지막으로 미래의 삶인 '고요한 성찰의 시기'에 대해 말씀드리겠습니다. 힘겨운 청소년 시절을 보냈고 장애를 겪기도 해서 기회가 주어진다면 청소년들이나 장애인들에게 꿈을 전할 수 있으면 좋겠습니다. 또 제가 능력이 부족해 재판 과정에서 상처를 입은 사람들을 치유할 수 있기를 바랍니다. 어떤 방법이 가능할지는 조금 더 고민이 필요할 것입니다. 개인적으로는 여유로운 마음으로 여행

2014년 해외 연수 중 프라하성 방문 시 모습

을 자유롭게 할 수 있는 기회가 주어졌으면 좋겠습니다. TV에서 여행 프로그램을 볼 때마다 여행을 떠나고 싶은 마음이 간절해집니다.

두서없이 제 삶에 대해 말씀드렸습니다. 저는 지금까지의 제 삶에 만족합니다. 앞서 제 삶이 지극히 평범했다고 말씀드렸는데, 한편으로는 기적 같기도 합니다. 크고 작은 고비가 많았는데 잘 넘기고 이 자리까지 왔습니다. 제 힘만으로 이룬 것 같지는 않고 절대자가 있어 저를 도운 것 같습니다. 절대자가 저를 도운 것은 제가 간절한 꿈을 갖고 그 꿈을 이루기 위해 노력했기 때문이라고 생각합니다. 또 부모님, 친구들을 비롯해 수많은 사람의 도움도 받았습니다. 그 분들에게 진 빚을 다 갚을 길은 없지만 항상 감사히 생각하며 살아가고 있습니다.

질의 응답

Q.

법원장님은 영세한 농촌 가정에서 태어나 여러 번 진학에 실패하고 신체장애까지 입었는데도 비관하지 않고 오히려 현실을 극복하고 끝내 바라던 바를 이뤘습니다. 법원장님의 말씀을 들어보면 현실에 대한 순응력, 강한 성취욕, 어떤 경우에도 희망을 잃지 않는 긍정적 마인드가 그와 같은 결과를 이뤄낸 것으로 보입니다. 그토록 어려운 여건에서도 희망을 잃지 않게 했던 원동력은 무엇이었습니까?

A.

앞서 말씀드렸듯이 제 어릴 적 농촌 사람들은 현실을 숙명으로 받아들였고, 청소년들도 대부분도 현실에 체념했습니다. 그들과 달리 저는 자존감이 강한 편이었습니다. 주변 사람들처럼 살지 않아야겠다는 생각, 즉 변화에 대한 열망이 강했습니다. 그래서 대구로 진학하겠다고 결심했습니다. 제가 살던 동네에 천재로 불렸지만 번번이 사법고시에 실패하는 바람에 정신이 이상해졌다고 소문난 선배가 있었습니다. 그 선배 이야기를 듣고 저는 오히려 천재라고 소문난 선배도 하지 못한 일에 도전하고 싶은 마음이 들었습니다. 판사라는 직업에 대해서는 잘 몰랐지만 천재라고 소문난 선배도 실패할 일이라면 충분히 도전할 만한 가치가 있는 일일 거라고 막연히 생각했습니다. 또 저는 수학이나 물리를 좋아해서 교사가 되고 싶은 마음도 있었습니다. 그와 같이 당시 제게는 목표가 있었습니다. 변화에 대한 갈망과 분명한 목표 설정이 제가 현실을 이겨낼 수 있었던 원동력이 아니었나 생각합니다.

Q.

신체장애가 있는 분들에 대한 사회의 편견이 있습니다. 그런 편견을 느끼신 적이 있는지, 있었다면 어떻게 극복하셨는지 궁금합니다.

A.

편견을 느낀 적은 많았습니다. 저는 비장애인과 장애인을 모두 경험했습니다. 그래서 장애를 입고 나서도 비장애인의 입장에서 생각해보려 노력했습니다. 부모님은 물론 주변 사람들에게 불편을 끼치지 않으려고 애썼습니다. 그런 제 모습이 좋게 보였는지 장애인에 대한 편견이 많을 때였는데도 저는 주위 사람들로부터 많은 도움을 받을 수 있었습니다. 누가 도와주겠다고 하면 저는 흔쾌해 도움을 받았습니다. 억지로 도움을 청하지는 않았지만, 자발적으로 도와주겠다는 사람에게 쓸데없는 자존심이나 오기를 부리지 않았습니다.

판사가 되고 나니 사람들의 편견이 더 신경 쓰여 고민을 많이 했습니다. 혹시나 사람들이 '저 판사가 장애가 있기 때문에 판결이 조금 왜곡될 수 있지 않을까?'라고 생각할까 싶어 염려가 되었습니다. 장애인에 대한 편견을 불식시키기 위해 법정에서 많이 소통하려고 노력했습니다. 혹시나 장애가 있어 현장검증을 불편해 한다는 이야기를 듣고 싶지 않아서 현장검증에도 반드시 참여했습니다. 실제로 현장검증에서 중요한 단서를 발견할 때도 많았습니다. 한 번은 산소를 두고 소송이 벌어진 적이 있습니다. 묘지를 두고 원고와 피고가 서로 자기네 산소라고 주장했습니다. 재판정에서 원고와 피고가 주장하는 내용만으로는 결론을 낼 수가 없었습니다. 어떻게 하면 진실을 밝힐 수 있을까 고민하다 제가 현장 검증을 제안했고, 현장 검증을 통해 원고 측이 산소의 실제 임자라는 것을 밝혀냈습니다. 그때 펑펑 울던 원고의 얼굴이 아직도 기억납니다. 올바른 판결을 내리기 위해 최선을 다하는 것, 그것이 장애인에 대한 편견을 극복하는 방법이라고 생각했습니다.

Q.

재판은 신의 영역이라고 말씀하셨는데, 그렇게 생각하시게 된 동기가 궁금합니다.

A.

재판을 할수록 재판이 참 어렵다는 생각이 들었습니다. 제가 부족해서 잘못된 판결을 받으면 당사자는 얼마나 속이 터지겠습니까. 그런 사람들의 심정을 헤아리면서 도대체 그들에게 어떤 말을 할 수 있을까 생각했습니다. 그러다 제가 아무리 노력해도 진실을 밝히지 못하는 것은 결국 신의 영역으로 봐야 하지 않을까 하고 생각하게 되었습니다. 법정에서 항상 실체적 진실이 다 밝혀지는 것은 아닙니다. 그럼에도 불구하고 일정한 체계와 절차를 거쳐 내린, '절차적 정의'를 따른 판결에 대해서는 수긍해야 하는데, 우리의 경우에는 그렇지 못한 경우가 많습니다. 그렇게 판결에 대해서 만족하지 못하는 이들에게는 결국 '재판은 신의 영역'이라고 말할 수밖에 없다고 생각하게 되었습니다. 여기에서 판사는 재판에 온갖 정성과 노력을 기울여도 부족할 수밖에 없다는 겸허한 자세가 나옵니다. 이러한 겸양의 마음가짐이 판사에게 꼭 필요한 덕목입니다.

Q.

교수는 가르친 학생이 성공하고 사회에서 제 몫을 해내는 모습을 볼 때 엄청난 성취감을 느낍니다. 그런 성취감으로 재미있게 일합니다. 판사로서 느끼는 성취감은 어떤 것이 있을까요?

A.

성취감과 관련된 사례를 말씀드리겠습니다. 2006년도에 지방법원에서 형사 항소를 맡고 있었습니다. 교통사고 사건이었습니다. 전주대 법대 학생이 포항에서 운전병으로 근무하다 교통사고를 냈습니다. 한 사람이 사망하고 한 사람은 중상을 입었습니다. 1심 법원은 운전병이 신호를 위반해서 사고를 냈다고 보고 금고 1년형을 선고하면서도 법정구속은 하지 않았습니다. 합의가 안 돼서 실형이 나올 수밖에 없었고, 항소심에서는 법정구속을 미룰 수 없는 사건이었습니다. 저는 사고 시점에 과연 누가 신호를 위반했는지 다시 따져보았습니다. 당시에는 CCTV나 블랙박스도 없어서 현장검증을 해보는 수밖에 없었습니다. 사고 지점은 포항에서 영덕으로 가는 7번 국도였는데, 저는 직접 한 시간 정도 교통 흐름과 신호체계를 점검했습니다. 그 결과 그 운전병이 신호를 위반한 것이 아니라는 사실을 밝혀냈습니다. 앞길이 창창한 젊은이의 누명을 벗겨준 것도 기뻤지만 진실을 밝혀낸 보람이 더 컸습니다. 바로 그것이 판사가 평소에 느끼는 보람이라고 생각합니다.

Q.

판사는 재판을 통해서 지위와 명예를 추구해서는 안 된다고 말씀하셨습니다. 또 겸양의 마음과 내면적 자긍심을 가져야 한다는 말씀도 하셨습니다. 그런 말씀을 실천하기 위해서는 어떤 노력을 해야 한다고 생각하시는지, 또 평소에 어떻게 노력하고 계신지 궁금합니다.

A.

인간이라면 누구나 지위와 명예에 대한 욕심이 있어서 그것을 탐하지 않기란 쉬운 일이 아닙니다. 다만 저의 경우에는 지위와 명예를 욕심내지 않는 것이 남들보다 수월했던 이유가 있습니다. 무엇보다 저는 판사가 된 것만 해도 저한테는 대단한 일이라고 여겼습니다. 앞서 말씀드렸듯이 저는 어려운 과정을 거쳐 판사가 되었기 때문에 그것만으로도 충분히 만족스러웠습니다. 연수원을 마칠 무렵 과연 판사가 될 수 있을까 생각했던 것처럼, 판사가 되고 나서도 제가 부장 판사나 법원장 등을 할 수 있을 거라는 생각을 잘 못했습니다. 또 재판을 하면서 행정보다는 재판의 중요성을 많이 느꼈습니다. 주어진 자리에서 정말 올바른 재판을 하기 위해 노력한다면 제가 어느 위치에 있는지는 중요한 것이 아니라고 생각했습니다. 물론 저도 사람인지라 그런 마음이 흔들릴 때도 있었습니다. 2005년쯤인데, 저와 연수원 동기들이 승진하는 때가 되었습니다. 그때 주위의 어떤 분이 저도 승진할 수 있을 것 같다고 귀띔해 주었습니다. 그 말을 듣고 전과는 달리 승진하고 싶다는 생각이 들기는 했지만, 그렇다고 승진을 바라고 무리하게 재판을 할 수는 없었습니다. 아무리 생각해도 판사는 지위를 바라고 할 일은 아니며, 오로지 판결에 대해서만 고민해야 한다고 생각합니다.

07

불가능을 가능하게 하는 믿음

2017년 11월 16일 강연

전 세계한인무역협회 회장

박기출

주요 약력

1956년	울산 출생
1980년	울산대학교 건축학과 졸업
2013년	서강대학교 가톨릭최고경영자과정 수료
2009년	AUTOCOM社 설립(베트남)
2009년	㈜셀맥인터내셔날 설립(한국)
2010년	DK-RUS社 설립(러시아)
2010년	PG AUTOMOTIVE HOLDINGS PTE.LTD.社 설립(싱가폴)
2011년	싱가포르 한인회 9대 회장
2014년	세계한인무역협회(World-OKTA) 제18대 회장
2016년	同 협회(World-OKTA) 제19대 회장
2016년	VAM社 설립(베트남)
2008년	제35회 상공의 날 대통령 표창
2011년	제48회 무역의 날 대통령 표창
2016년	제53회 무역의 날 대통령 표창

리더십 포인트

세상은 넓고 할 일은 많다

"세상은 넓고 할 일은 많다"는 박기출 회장의 말은 흔히 성공한 사람이 젊은이들에게 듣기 좋으라고 하는 입에 발린 말이 아니다. 당시 작은 군(郡)에 지나지 않았던 울산에서 태어나고 자란 그가 해외에서 직원 3천명에 연 매출 3천억이 넘는 기업을 운영하고 세계한인무역협회장으로 세계 75개국의 지부를 총괄하기까지, 그가 걸어 온 길은 곧 '넓은 세상'을 무대로 '많은 일'을 끊임없이 실천해 온 긴 여정이기 때문이다. 그는 종종 자신의 성공을 뜻밖의 기회와 굴러온 운(運)의 덕으로 돌린다. 그러나 이런 겸양 뒤에는 다가온 기회를 놓치지 않고 작은 운을 큰 행운으로 만들어 가는 남다른 저력과 치열한 노력이 있다.

1. 두려움을 무릅쓰고 도전하라

무엇보다 그에게서 두드러지는 능력은 타고 난 담력이다. 그는 지금껏 하고자 하는 일은 두려움을 무릅쓰고 도전하고, 얻고자 하는 것은 희망을 놓지 않고 쟁취하려 애써왔다. 이 용기와 끈기가 불리한 여건이나 최악의 상황에서도 최선의 결과를 이끌어 내면서 마침내 그의 이력을 기적 같은 일들로 이어지게 한 것이다.

2. 사람의 마음을 잡아라

또 한 가지는 "사업은 사람의 마음을 잡는 것이다"라는 그의 믿음이다. 항시 자신의 부족함을 염두에 두고서, "자신을 낮추면 해결되지 않을 일이 없다"는 자세로 임해 온 것이다. 타국에 기반을 둔 그의 기업이 현지인 고용자나 거래처와 문화적·관습적 마찰을 현명하게 피하고 불필요한 분쟁을 겪지 않은 것은 이 믿음에 바탕을 둔 탁월한 소통능력 덕분이라 하겠다.

3. 자신 만의 법칙을 찾아라

다음으로는 기존의 법칙이 아닌 자신만의 새로운 법칙을 찾아내고 개발해 내려 애쓰는 기업가 정신을 들 수 있다. 오랫동안 정주영 회장을 롤 모델로 삼아 온 그는 언제나 불가능한 것을 가능하게 하려는 굳은 의지와 열정으로 충만해 있다. 여기에 더하여 타국이라는 불리한 여건 속에서 유리한 입장에 있는 이들을 따라잡기 위해 그는 틀을 깨는 자신만의 법칙을 만들어 변화하는 상황에 유연하게 대처하려 노력한다.

30년이 넘는 동안 동남아 여러 곳에서 기업을 키워오면서 좌절과 실패를 성공으로 만들어 온 데는 이러한 그의 능력과 소신과 정신이 버티고 있었던 것이다. 그만하면 이제 성공의 과실을 누리고 여유를 가질 만도 한데, 그는 지금도 벼랑 끝에 선 심정으로 사업에 임한다고 한다. 아무 것도 가진 것이 없던 그 시절의 결기와 초심을 잃지 않고 최선을 다한다는 말이다. 이런 그가 "세상은 넓다"고 할 때, 그 세상은 혈연, 지연, 학연이나 학벌이 아니라 적은 가능성에도 희망을 놓지 않고 무한 도전과 경쟁을 두려워하지 않는 용기 있는 젊은이에게 활짝 열린 세상을 뜻한다. 그런 젊은이에게는 '할 일은' 너무도 '많다'고 할 수 밖에.

김인숙 명예교수

기조 강연

세상은 넓고 할 일은 많다

저는 76학번으로 울산대학교 건축학과에 입학해서 1980년에 졸업했습니다. 졸업 후 ROTC 복무를 마치고 바로 쌍용건설에 취직했습니다. 3년간 국내에서 근무하고 32살에 해외 생활을 시작해서 30년째 말레이시아, 싱가포르, 베트남 등지에서 사업을 하고 있습니다. 첫 사업은 해외생활 15년 만에 시작했는데 1년 만에 보기 좋게 망했습니다. 그러다 전공이나 전직과는 전혀 다른 분야인 자동차 쪽 무역을 시작하면서 재기했고, 창업 당시 2명이던 직원이 지금은 3000명 정도 되고 연매출도 3000억이 넘는 중견기업으로 성장했습니다. 전 세계 75개국 150개 도시에 지부가 있는 세계한인무역협회의 회장도 맡고 있습니다.

제가 오늘 드리고 싶은 말씀은 화려해 보이는 이력이 아닙니다. 개인적으로 친분이 있는 김동연 부총리께서는 입각하시기 전에 '있는 자리 흩트리기'라는 책을 내셨습니다. 김동연 부총리는 10대 중반에 소년가장이 되었지만 할머님과 어머님에 어린 동생 셋까지 건사하며 자수성가 하신 분입니다. 그분이 책에서 자신의 이력서에 관해 이야기한 것이 있어 먼저 소개하고 제 말씀을 드리겠습니다. "누구나 이력서에 나타나지 않은 인생이 있다. 어떤 학교를 나오고 어떤 경력을 갖고 있든지 그 뒤에 숨은 좌절과 절망, 고통 또 열등감 같은 것들은 이력서에서는 알 수도 짐작할 수도 없다. 또 어려운 상황을 극복하기 위해 어떤 열정을 가지고 어떻게 노력해 왔는지, 어떤 절실한 마음을 가지고 살아왔는지에 대해서 알려주지 않는다. 때로는 이력서에 빠진 내용들, 그 인생이 어쩌면 진짜일 수도 있다. 겉으로 보이는 학력이나 경력보다는 훨씬 소중한 경험이나 지혜 그리고 가치관이 그 속에 숨어 있는지도 모른다." 김동연 부총리의 말처럼 저도 오늘 앞서 소개한 화려한 이력서보다는 이력서에는 나타나지 않은 진짜 제 인생을 이야기하고자 합니다.

저는 어릴 적 중구 성남동에서 자랐습니다. 울산초등학교에 다니던 시절, 가을이 되면 농협의 감 서리가 중요한 일과 중 하나였습니다. 감 서리의 대가는 혹독했습니다. 당직을 서는 직원들에게 발각되면 저와 친구들은 단체로 끌려가서 커다란 금고 안에 갇혔습니다. 짧게는 5분, 길게는 10분 동안 감금되는 벌이었습니다. 처음 들어갔을 때는 창고 문이 닫히면서 점점 빛이 없어지고 어두워지자 친구와 손을 잡고 울었습니다. 공포와 공황 상태에 빠져 있다가 풀려날 때면 절대로 다시는 서리를 하지 않겠다고 다짐했으나, 어릴 적 홍시 맛은 너무나 달콤해서 저희들은 재범, 삼범을 저지르고는 했습니다. 저는 30년간 해외에서 아무 밑천도 없이 맨손으로 사업을 하면서 간혹 고향에 올 때마다 어릴 적 농협에 있던 감나무 생각을 합니다. 그때 제가 그 금고에 몇 번 들락날락하는 바람에 담력을 키웠고, 그렇게 키운 용기 덕분에 오늘의 제가 있지 않나 생각합니다.

저희 아버님은 목공소를 운영하셨습니다. 제가 중·고등학교에 다닐 무렵에는 아버님 사업이 꽤 잘 돼서 여러 학교에 책걸상을 납품했습니다. 방학이 끝날 때쯤이면 일손이 달려서 저도 아르바이트로 아버님이 만든 책걸상을 배달했습니다. 친구들 중에 덩치가 크고 힘 쓸 만한 친구를 모아서 트럭을 타고 책걸상을 학교에 배달했는데, 어떤 학교의 수위 아저씨는 운동장이나 1층 계단에만 내려놓고 가라고 했지만, 어떤 분은 2층이나 3층까지 배달하라고 하셨습니다. 언제부턴가는 저도 눈치가 생겨서 음료수나 담배를 챙겨서 책걸상

을 내려놓기 전에 수위 아저씨에게 먼저 인사를 드렸습니다. 그렇게 가벼운 선물과 함께 먼저 인사를 드리면 운동장 중간에 내려놓아도 아무 말이 없는 경우가 많았습니다. 그런 경험을 통해서 얻은 것이 '사업은 사람의 마음을 잡는 것이다'라는 교훈입니다.

아버님 사업이 잘 될 때도 있었지만 서의 형님이 아버님 사업을 맡아 재산을 거덜 내는 바람에 젊은 시절 저는 요즘 젊은이들의 말로 '흙수저'였습니다. 물려받을 재산도 없었고, 학업 성적도 시원찮았습니다. 그런 상태로 사회에 첫발을 내디디다 보니 늘 부족함과 약점을 생각하면서 겸손하지만 열심히 살려고 노력했습니다. 저는 지금도 자신을 낮추면 해결되지 않을 일이 없다고 생각합니다. 20년 가까이 사업을 했지만 아직까지 저희 회사는 거래에 얽힌 소송에 휘말리거나 노사분쟁을 겪은 적이 한 번도 없었다는 것을 자랑스럽게 생각합니다. 그렇게 될 수 있었던 데에는 판단력이나 능력보다 겸손하고 낮추는 자세가 더 도움이 되었다고 여깁니다. 물론 겸손하고 낮추는 것이 항상 좋은 평가를 받는 것만은 아닙니다. 가진 자가 낮추면 겸손하다고 여기지만, 가지지 못한 자가 낮추면 비굴하다고 욕합니다. 저는 비굴한 자로 자신을 낮추기보다는 겸손한 사람으로 살고 싶었습니다. 그래서 저의 지난 삶은 겉으로는 평온해보였지만 속을 들여다보면 치열했고 절실했습니다. 45살의 평범한 직장인이 사업에 뛰어들었고, 낯선 이국땅에서 홀로서기를 해야 했으니 결코 쉬운 삶은 아니었습니다. 어떤 분이 제 삶을 한 마디로 정리한다면 어떻게 표현할 수 있을지 물었을 때 이렇게 대답한 적이 있습니다. 벼랑 끝에 선 느낌, 한 치 뒤로 물러설 곳도 없고 항상 긴장을 늦출 수 없는 삶, 그것이 오늘의 저를 있게 한 삶이었습니다.

학창시절에 관해서도 짧게 말씀드리겠습니다. 저는 울산에서 초등학교와 중학교를 마쳤습니다. 중학교를 마치고 아버님의 권유로 서울에 유학을 갔습니다. 고등학교 1차와 2차 시험에 모두 떨어지고 재수를 결심했습니다. 종로에 있는 유명한 학원에 가면 좋은 고등학교에 무조건 들어갈 수 있다고 해서 시험을 쳤는데 거기서도 떨어졌습니다. 시험이 나와는 잘 맞지 않는다고 생각하면서 원하지 않던 재수 생활을 시작했습니다. 하지만 재수 때도 공부는 안 하고 열심히 놀다가 시험에 또 떨어졌습니다. 겨우 2차 고등학교를 서울에서 다녔는데 대학 시험에서도 1차에 떨어졌습니다. 아버님은 저를 다시 울산으로 불러 내렸고 울산대학교에 입학시키셨습니다. 사정이 그러했던지라 대학 생활은 썩 낭만적이지 않았고, 어떤 큰 꿈을 가지고 시작한 것도 아니었습니다. 지금도 울산대학교에는 여러 부류의 학생이 있을 것입니다. 큰 꿈을 가지고 입학한 학생, 적당한 길을 선택해서 들어온 학생, 또 자기가 원하지 않았는데도 어쩔 수 없이 입학해서 많이 방황하는 학생도 있을 것입니다. 저의 경우에도 건축은 제가 원했던 전공이 아니었습니다. 그러나 만약 누가 제게 울산에서의 대학생활을 한마디로 정리하라고 하면 저는 '새옹지마'라고 말하고 싶습니다. 방황하고 어두운 시절이었지만 우연치 않게 현대조선소 감독관으로 온 영국인의 딸을 만날 수 있었습니다. 저는 일주일에 두세 번 그녀 집에 가서 프리토킹을 하면서 영어 회화를 배웠습니다. 지금 돌이켜보면 제가 그때 울산으로 내려오지 않거나, 그때 그녀를 만나지 않았더라면, 30년 동안 해외에서 영어로 사업을 하는 일은 상상도 할 수 없었을 것입니다. 그래서 저는 대학생활을 돌이켜볼 때마다 새옹지마라는 말이 떠오릅니다.

대학을 졸업하고 쌍용건설에 취직은 했지만 열심히 일하는 사원도 뛰어난 사원도 아니었습니다. 국내 근무보다는 남들보다 좀 더 잘 하는 영어를 활용할 수 있는 해외 근무가 끌렸습니다. 그래서 처음 나갔던 곳이 말레이시아였습니다. 해외 근무를 시작한 지 얼마 지나지 않았을 무렵 정부측, 감독관측, 저희 회사측이 참여하는 중요한 회의가 있었습니다. 저희 회사를 공격하는 입장에 있던 감독관측에서 저희 회사측 최고 책임자에게 영어로 질문을 했습니다. 그 최고 책임자는 질문을 이해하지 못해 자기 옆에 있는 바로 아래 담당자를 지명하며 답변을 떠넘겼습니다. 두 번째 고위 담당자 역시 답변을 못하고 다시 자기 아래 담당자를 지명했습니다. 그렇게 답변 떠넘기기가 이어지다 결국은 제 차례가 되었습니다. 저는 회사측 참석자 중 가장 하급 직원이었기 때문에 더 이상 미룰 사람이 없었습니다. 질문한 감독관은 영국 사람이었는데, 저는 그와 하루에 두세 번씩 만나 대화하는 사이여서 그의 스코틀랜드 발음을 알아들을 수 있었습니다. 어렵지 않게 충실한 답변을 내놓았습니다. 앞서 말씀드린 '새옹지마'와 같이 그 일 이후로 제 인생이 바뀌었습니다. 저는 회사에서 영어를 제일 잘하는 직원으로 인정받아서 얼마 지나지 않아 최고 책임자에 다음인 2인자의 지위에까지 오르게 되었습니다.

세계한인무역협회 회장 시절 차세대 한인 무역인 육성에 노력한 박기출 회장
(앞줄 중앙이 박기출 회장)

우연히 찾아온 기회를 잘 붙들어서 여기까지 올 수 있었습니다만 가끔은 허투루 보낸 대학시절이 후회가 될 때도 있습니다. 생각과 사고가 유연한 대학 시절에 인생에 대한 꿈을 그리고 그 꿈을 좇아서 열심히 살았더라면, 부정적인 감정이나 열등감에 빠지지 않고 긍정적인 삶을 살았더라면, 지금보다는 훨씬 더 수월한 삶이 펼쳐지지 않았을까 생각합니다. 골프에서는 입문해서 6개월을 어떻게 보내느냐에 따라 평생 골프핸디가 좌우된다고 합니다. 늦게 시작해서 앞선 사람을 따라잡으려면 열 배 스무 배 이상의 노력이 필요합니다. 또 그때 제가 만약 멘토를 만났더라면, 힘들고 좌절할 때 용기를 줄 수 있는 어떤 분을 만났더라면 제 인생이 지금과 달랐을 것이라는 생각도 듭니다. 그런 멘토를 만나지 못한 것이 아쉬워서 저는 요즘 차세대를 육성하는 일에 정성을 쏟고 있습니다. 세계한인무역협회는 현재 전 세계에 걸쳐 차세대 경제리더 2만여 명을 보유하고 있고, 매년 3천 명 정도를 새로 발굴해서 육성하고 있습니다. 저와 가까운 분들은 제가 찍은 사진 중에 가장 해맑고 기분 좋은 표정을

보이는 것이 차세대들과 어울려 찍은 사진이라고 말합니다. 저는 멘토가 되어 상담도 해주고, 사재를 출연한 창업기금을 만들어 사업도 돕고 있습니다. 앞으로도 차세대를 육성하는 데 더 많은 시간을 할애할 계획입니다.

차세대 육성에 관심이 많은 것은 창업에 실패했던 경험 때문입니다. 45세에 늦깎이로 창업한 제 경우를 보고 '나도 한번 사업을 해봐야겠다'라고 생각하시는 분이 있다면 저는 도시락을 싸고 다니면서 말리겠습니다. 대기업을 나와 시작했던 첫 사업은 1년 만에 쫄딱 망했습니다. 아까 말씀드린 바와 같이 사업은 벼랑 끝에 선 절실함 같은 것들이 바탕이 되어야 하는데 저는 너무 안일하게 사업을 시작했습니다. 망하는 것도 당연했습니다. 사업을 시작하는 것보다 더 어려운 것은 망하고 난 다음에 그 아픔을 극복하고 스스로 다시 일어서는 것입니다. 첫 사업에 망하고 나니 남은 것이 없었습니다. 직장 생활하면서 서울에 마련한 13평짜리 아파트가 전부였습니다. 그 아파트를 마련하고 얼마 지나지 않아 해외생활을 하러 나갔습니다. 해외생활을 마치고 돌아올 때쯤엔 13평짜리 아파트가 30평 아파트는 되어 있으리라 생각했는데, 쫄딱 망했으니 그 아파트라도 팔아서 다시 사업 밑천을 마련하는 수밖에 없었습니다. 그때 저희 형님도 사업에 실패해서 어머니가 사시던 집까지 차압이 되는 바람에 당장 어머니도 길에 나앉게 될 판이었습니다. 아파트 판 돈을 어디에 써야 할지 고민하다 아내에게 이렇게 말했습니다. 아파트 판 돈으로 어머니 거처를 마련해드리고 우리는 어떻게든 다시 시작해보자고. 아내는 제 판단을 지지해주었습니다. 얼마 안 되는 전 재산을 어머니를 편히 모시는 보금자리를 만드는 데 썼습니다.

그 결정은 제 인생의 커다란 전환점이 되었습니다. 그 결정 이후 제 사업이 불같이 일어나는 경험을 했습니다. 저는 자동차 부품 공장을 차렸습니다. 자동차 부품 공장은 기술이 바탕이 되어야 하고, 기술이 바탕이 되는 공장을 운영하려면 자금력이 있어야 합니다. 그런 것들이 없이 공장을 차려 사업을 한다는 것은 불가능한 일인데도 저는 무모하게 뛰어들었습니다. 말레이시아에 자동차를 조립하는 회사가 만들어지자 그 회사에 시트를 납품할 작정을 하고 회사 측 사람을 만났습니다. 분위기가 좋게 흘러갈 무렵 당연히 제가 공장을 가지고 있을 거라 생각한 그들은 공장이 어디 있느냐고 물었습니다. 저는 공장이 없다고 대답했습니다. 황당한 표정으로 어떻게 할 것이냐고 묻는 그들에게 저는 세 장의 사진을 보여주었습니다. 그 회사 공장 옆에 임대로 나온 공장의 사진을 보여 주면서 그 공장을 임대할 것이라고, 조립 기계 사진 두 장을 보여주면서 한국에서 그 기계를 들여와 완제품을 만들어 납품하겠다고 말했습니다. 누가 봐도 불가능할 것처럼 보이는 이야기였습니다. 그런데 불가능을 가능하게 하려면 이론이 아니라 자기 스스로 미쳐야 하고 그렇게 믿어야 합니다. 저는 그렇게 했고, 운도 따랐던지 자동차 시트 공장을 만들 수 있었습니다. 우여곡절 끝에 임대한 공장에 한국에서 온 기술자들이 라인을 깔아 첫 제품을 생산하던 날 찍은 사진이 있습니다. 한국, 러시아, 말레이시아, 베트남 등 제가 있는 공간에는 항상 그 사진을 액자에 넣어 놓아두고 있습니다. 제 인생에서 가장 행복했던 순간입니다. 그 사진을 보며 초심을 잃지 않으려 노력합니다.

사업가로서의 신조나 신념을 묻는 질문을 받은 적이 있습니다. 울산대 출신이어서가 아니라 살아 보니 정주영 회장님 같은 기업가정신을 가진 분이 몇 분만 더 계셨더라면 어땠을까 하고 생각할 때가 많았습니다. 어려운 일이 닥치거나 주위의 참모들이 모두 불

말레이시아 자동차 시트 공장에서 처음 제품을 생산하던 날 찍은 기념사진
(맨 뒷줄 중앙이 박기출 회장)

가능하다고 말할 때 그것을 가능하게 만드는 것이 기업가정신입니다. 그래서 저는 신조나 신념을 묻는 질문에 'impossible'이 아니라 'I'm possible'이라고 대답합니다. 말콤 글래드웰의 <다윗과 골리앗>이라는 책에 이런 이야기가 있습니다. '약자가 강자를 상대할 수 있기 위해서는 기존의 법칙보다는 나만의 새로운 법칙을 찾아야 한다.' 제게 딱 들어맞는 이야기라고 생각합니다. 타국이라는 공간이 제게 소수자라는 지위를 부여했습니다. 학연이나 지연이나 혈연 등 여러 면에서도 제 출발점은 다른 사람에 비해 많이 뒤쳐졌습니다. 그런 저로서는 앞선 이들을 따라잡기 위해 저만의 법칙을 개발해야 했습니다.

요즘 공무원 시험에 청년들이 몰리고 있습니다. 공무원 시험 합격률은 불과 1.8%에 불과하다고 합니다. 사명감으로 공무원이라는 직업을 선택했다면 존중해야 합니다. 그러나 젊은이들이 꿈을 펼칠 수 있는 다른 돌파구를 찾지 못해 그런 현상이 빚어지고 있다면 그들에게 어떤 돌파구를 마련해줄 수 있을지 고민해야 합니다. 청년 실업의 돌파구가 다양하지 못한 것이 청년들만의 책임은 아닙니다. 저와 같은 선배들, 기성세대의 책임도 있으므로 그들에게 돌파구를 마련해 주어야 합니다. 우리 젊은이들에게 또 다른 기회를 주면 어떨까 생각합니다. 대한민국의 영토는 전 세계 영토의 0.01%밖에 되지 않습니다. 0.01%의 영토에서 1.8%의 경쟁률에 목숨을 걸기보다는 99.99%의 가능성이 열려 있는 넓은 땅, 다른 세상으로 눈을 돌리게 하면 좋겠습니다. 흙수저 출신이었던 제가 이 자리까지 온 것도 혈연이나 지연이나 학연이 통하지 않는 맨 땅에서 출발했기 때문입니다. 정정당당하게 똑같은 출발점에서 시작할 수 있는 새로운 땅이 그들에게 새로운 돌파구가 될 것이라 생각합니다.

질의 응답

Q.

사업에 성공하기까지 벼랑 끝에 서 있는 긴장감을 잃지 않고 살았다고 말씀하셨습니다. 보통 사람이라면 포기할 만한 순간에 포기하지 않고 계속 나아가게 하는 힘은 어디에서 비롯되었습니까?

A.

앞서 말씀드린 대로 첫 번째 사업에 실패하고 마지막 남은 재산으로 어머님 보금자리를 만들어드린 후, 다시 해외로 나가기 위해 인천공항 가는 리무진 버스를 탔습니다. 요즘 한국에 오면 인천공항에서 서울 시내로 들어오는 한강의 경치가 참 아름답게 보입니다만, 그날 인천공항으로 가는 리무진 버스에서 바라본 풍경은 삭막하기 그지없었습니다. 마음이 어찌나 허전했던지 아직도 그 기억이 생생합니다. 아무 것도 남은 것이 없었고 벼랑 끝에 선 기분으로 비행기를 타러 가면서 제 안에 있던 감정은 돈을 벌어야겠다는 절실함이었습니다. 압구정동 아파트를 바라보며 이렇게 생각했습니다. '내가 비록 지금은 아무 것도 없이 해외로 나가지만 빠른 시간 내에 대한민국에서 제일 부촌이라는 저 압구정동에 제일 넓은 아파트를 살 것이다.' 그런 결심을 하며 나갔습니다. 더 이상 물러날 데가 없다는 것이 제게는 버틸 수 있게 하는 힘이고 포기하지 않게 하는 힘이었습니다.

Q.

사업은 사람의 마음을 잡는 것이라는 말씀이 인상적입니다.

박 회장님은 상대와 거리를 좁히는 메시지 전달력이나 소통 능력이 탁월한 것으로 보입니다. 그런 면들이 외국에서 사업을 벌이고 어려움을 극복하는 데 어떻게 도움이 되었는지 구체적으로 말씀해 주십시오.

A.

앞서 말씀드렸듯이 철없이 낭만적으로 시작했던 사업이 망했던 것은 당연합니다. 실패하고 나서 다시 성공하기까지 거쳐야 할 과정은 굉장히 많습니다. 제가 실패를 딛고 성공할 수 있었던 요인 중의 하나는 현지인들을 이해하려는 자세였다고 생각합니다. 제 사업의 상대는 말레이시아 사람들이었는데, 그들은 약속 어기는 것을 당연하다고 생각하는 경향이 있었습니다. 어제 이야기한 말과 오늘 이야기한 말이 다른 경우가 많았습니다. 그런 이들을 상대하다 보면 당연히 화가 날 수밖에 없습니다. 말레이시아에서 사업 한다고 말하면 많은 한국 사람들이 말레이시아 사람들은 상대할 수 없는 사람들이라고 이야기합니다. 말레이시아인들은 웃기는 사람들이고, 그 나라는 되는 것도 없고 안 되는 것도 없는 곳이라고 말하기도 합니다. 말레이시아 사람들을 부정적으로 평가하는 사람들이 많지만 저는 그렇게 생각하지 않습니다. 말레이시아에서 사업을 하려면 그들에게 눈높이를 맞춰야 합니다. 그들을 부정적으로 보는 것은 거만한 태도입니다. 사업을 하는 사람은 남의 마음을 잡아야 하고, 그러려면 자신을 낮춰야 합니다. 말레이시아 사람을 이해하지 않고 말레이시아에서 사업을 벌일 수는 없다고 여겨 마지막까지 그들을 이해하려 노력했던 것이 성공할 수 있었던 중요한 요인이었습니다.

Q.

현지인들을 이해하려 노력하셨다고 말씀하셨는데, 사업을 하다 보면 상대에게 화가 날 때도 있었을 듯합니다. 그런 경우는 어떤 상황이었는지, 어떻게 분노를 표현하셨는지 궁금합니다.

A.

조직의 리더로서 화를 낼 필요가 있을 때에는 저도 화를 냅니다. 리더는 강해야 할 때는 강해야 합니다. 그러나 사업 초기에는 분노보다는 이해와 인내가 더 필요했습니다. 앞서 말씀드린 대로 말레이시아에 공장을 임대해 처음으로 자동차 시트 공장을 만들었을 때의 일입니다. 초기에는 공장은 돌아가는데도 이익이 남지 않아 어려움을 많이 겪었습니다. 어느 날은 설상가상으로 우리 회사의 하청업체가 납품을 하지 않아서 완성품을 생산해낼 수 없는 상황에 처했습니다. 당시 저는 은행이나 발주처와 관련된 대외 업무만 담당하고 공장 운영은 중국인 공장장에게 모두 맡기고 있었습니다. 위급한 상황을 해결하기 위해 대외활동을 모두 접고 2주 동안 공장에서 숙식하면서 원인을 파악했습니다. 알고 보니 우리 공장에 들어오는 중요한 부품들을 한 업체에서 모두 납품하고 있었는데, 그 업체가 바로 공장장 소유의 회사였습니다. 우리 회사의 이익금은 모두 그 업체에 떨어지는 구조였습니다. 그런데도 공장장은 제가 너무 싸게 계약해서 이익이 나지 않는다고 보고했던 것이었습니다. 제가 만약 한국에서 사업을 하고 있었다면 크게 화를 내고 곧바로 적절한 조치를 취했을 것입니다. 그러나 그곳은 타국이었습니다. 현지인 공장장에게 화를 내면 당장 무슨 일이 닥칠지 모른다는 걱정이 들었습니다. 그런 사정을 고려하면서 정말 현명하게 사태를 해결해야 했습니다. 화가 나면 표출해야 할 때도 있지만, 그때는 인내심을 발휘해 견디는 것이 더 필요했습니다. 그리고 그런 판단이 더 좋은 결과를 낳았습니다.

Q.

울산대학교 건축학과를 졸업하셨습니다. 건축학과에서 얻은 가르침 중에 가장 기억에 남거나 도움이 되었던 것은 무엇입니까?

A.

건축학과는 다른 학과와 달리 제출해야 할 과제물이 많았습니다. 과제물을 준비하느라 밤을 새는 일도 허다했습니다. 언젠가 한 번은 과제물을 제출하지 못했습니다. 담당 교수님은 다음 학년으로 올라갈 수 없다고 엄포를 놓으셨습니다. 교수님을 찾아가 축제 기간을 이용해 다 제출하겠다며 선처를 부탁했습니다. 교수님은 할 수 있으면 해보라고 말씀하셨습니다. 며칠 안에 끝낼 수 있을 것 같던 처음 생각과는 달리 그려야 할 설계도의 양이 너무나 많았습니다. 그래서 꾀를 냈습니다. 제 동기 중에 이광현이라는 친구가 그림을 그리는 데는 귀재였습니다. 그 친구 설계판을 보니 마음에 안 들어 버린 것들이 많았는데, 제가 보기에는 그것도 굉장한 작품이었습니다. 그 친구가 버린 것들에 제 이름을 써서 제출했습니다. 교수님은 모를 것이라 생각했지만 오판이었습니다. 교수님은 저를 불러 사실대로 고백하라고 말씀하셨습니다. 저는 사실대로 털어놓았습니다. 교수님은 만약 제가 실토하지 않았더라면 학점을 주지 않을 작정이었으나 진실을 말해서 과제 제출 기한을 연장해 준다고 말씀하셨습니다. 6개월 시간을 더 주셨고, 그 덕분에 간신히 졸업할 수 있었습니다. 대학에 다닐 때는 건축학이 적성에 맞지 않는다고 생각했는데, 졸업하고 나서는 건축학과를 졸업한 덕분에 건설회사에 취업할 수 있었습니다. 건설회사에 취업을 했기 때문에 해외로 나갈 수 있는 기회도 얻었습니다. 건축학과는 지금의 저를 있게 한 출발점이었습니다.

Q.

건축학과를 졸업하고 건설회사에 취업하셨는데, 창업 아이템은 그와는 동떨어져 있는 자동차 부품 쪽입니다. 그 방면으로 창업을 결심하게 된 계기가 궁금합니다.

A.

쌍용건설에 근무할 때 이태리계 회사와 대형 프로젝트를 같이 할 기회가 있었습니다. 그런 인연으로 알게 된 그 회사의 회장님이 어느 날 세세 스카우트를 제안했습니다. 한국 시장에 관심이 많아 함께 일하고 싶다는 것이었습니다. 한국 회사와는 비교도 되지 않을 정도로 파격적인 대우도 약속했습니다. 3개월 정도 고민하다 제안을 받아들였습니다. 이태리계회 회사에서 3년쯤 근무를 했을 때 그 회사가 외국계 펀드에 인수되었습니다. 저를 발탁했던 회장님도 은퇴하시고 나니 미래가 보이지 않았습니다. 평생 용병으로 살다가 인생을 마칠 수는 없다는 생각이 들어 회사를 그만두고 사업을 시작했습니다. 앞서 말씀드린 대로 그렇게 시작한 첫 사업은 보기 좋게 망했습니다.

사업 실패로 갈 데도 할 일도 없이 지내던 중에 말레이시아에 근무할 때 알던 친구의 소개로 어느 자동차 시트 회사의 구매부장을 알게 되었습니다. 어느 날은 그 구매부장이 자동차 시트에 들어가는 스프링의 종류가 많다며 한국에 가거든 스프링을 납품해 보라고 조언했습니다. 한국산 스프링이 품질이나 가격 면에서 경쟁력이 높다는 것이었습니다. 그 말을 듣고 솔깃해서 스프링 납품을 시작했습니다. 납품 규모는 크지 않았지만 저는 아예 그 자동차 시트 회사로 출근했습니다. 아침에 출근해서 저녁까지 회사의 모든 부서를 돌며 이것저것 들여다보았습니다. 그러다보니 자동차 시트에 대해 어느 정도 감을 잡을 수 있었습니다.

그 무렵은 IMF 외환 위기가 끝났을 즈음이라 원화의 가치가 낮아져서 한국 자동차의 가격 경쟁력이 높았습니다. 당시 말레이시아 정부는 완성차를 들여오는 것보다 부품을 들여와 조립하는 경우에 특혜를 많이 주었습니다. 자동차를 조립하기 위해서는 현지화가 꼭 필요한 부품이 있었는데 그 중의 하나가 자동차 시트였습니다. 저는 말레이시아의 어느 회사가 기아 자동차를 조립한다는 소문을 듣고 찾아가서 이렇게 말했습니다. “난 한국인이다. 당신 회사가 한국과 사업을 할 생각이라면 내가 도울 수 있다.” 그들 입장에서는 한국 회사와 일하려니 여러 가지로 신경 쓸 것이 많던 차에 영어도 할 줄 아는 한국인이 제 발로 찾아왔으니 반가웠던 모양입니다. 무엇을 할 수 있느냐고 묻기에 앞서 말씀드린 대로 시트를 납품할 수 있다고 말했습니다. 자동차 시트에 대해서는 이미 잘 알고 있었기 때문입니다.

Q.

회장님 말씀을 들어보면 회장님은 이미 기본 역량을 충분히 갖추고 있었기 때문에 새로운 사업을 벌여 성공할 수 있었다고 봅니다. 튼튼한 기본 역량이 우연한 기회와 결합되면서 폭발적 성과로 이어졌다고 보는데, 어떻게 생각하십니까?

A.

한국에서 돌파구를 찾지 못한 청년들을 위한 프로그램이 있습니다. 일 년에 이백 명씩 청년들을 모아서 말레이시아, 베트남, 캄보디아, 미얀마, 인도네시아 등에서 현지어를 익히며 공부할 기회를 줍니다. 공부를 마친 후에는 한국에 진출한 현지 기업에 취식을 시켜서 나중에 사업가가 될 수 있게 돕는 프로그램입니다. 그 프로그램에서 공부하는 학생들의 눈빛은 정말 어마어마합니다. 그 학생들을 상대로 강의할 기회가 있었습니다. 예정된 시간은 강연과 질의응답을 합쳐 1시간이었지만, 저도 신이 나서 한 시간 반을 넘게 강의했고, 질의응답에는 무려 세 시간이 걸렸습니다. 그때 이런 이야기를 했습니다. 야구에서 투수가 던진 공이 포수 글러브에 들어가는 데 0.5초가 걸린다고 합니다. 타자는 공의 구질과 높낮이를 보고 칠지 말지를 0.23초 내에 결정해야 합니다. 거의 무의식적으로 반응하지 않으면 칠 수가 없습니다. 그런데 만약 한 점 차이로 지고 있는 9회말 투아웃 주자는 만루인 상황에서 대타로 나온 타자가 있다면 그에게는 무의식적인 반응 이상의 것이 필요합니다. 타격 기술도 필요하지만 그보다는 그 상황에서 받는 스트레스를 이길 수 있는 용기가 더 중요합니다. 그리고 그러한 용기는 하루아침에 얻을 수 있는 것이 아닙니다. 오랜 시간 연습을 통해 닦은 기술에 용기가 결합되어야 합니다. 사업도 마찬가지일 것입니다. 사업에 성공할 기회가 찾아왔을 때 그 기회를 놓치지 않고 붙드는 것은 보이지 않는 많은 노력이 있어야만 가능하다고 생각합니다.

Q.

외국 생활을 오래 하시면서 느낀, 외국 대학과 한국 대학의 차이나 한국 대학에 바라는 점이 있다면 말씀해 주십시오.

A.

싱가포르 대학에 있는 한국인 교수님들을 알게 되면서 그 나라 대학과 학생들 분위기를 알 수 있는 기회가 있었습니다. 그 대학도 대단히 치열하게 공부를 시킨다고 합니다. 다만 공부의 방법은 조금 다르다고 합니다. 주입식 교육보다는 스스로 공부해서 답을 찾는 방식을 더 중시한다고 합니다. 그런데 저는 공부도 좋지만 그것만이 대학 생활의 전부는 아니라고 생각합니다. 대학에서 공부한 전공이 인생을 좌우하는 것은 아닙니다. 원하지 않은 학과를 졸업한 사람도 사회의 일원으로서 살아갈 수 있는 방법이 있습니다. 울산대학교에서도 다양성을 인정하는 교육이 이루어졌으면 좋겠습니다. 원하지 않는 전공에 입학한 사람도 대학에서 자신의 길을 찾을 수 있게 도와주는 체계가 있었으면 좋겠습니다. 전공 능력도 중요하지만 기초를 튼튼히 갖추게 하는 교육이 이루어졌으면 좋겠고, 대학에 입학하고 나서 뒤늦게 자신이 원하는 것을 발견했을 때 그 길로 나아갈 수 있게 해주는 유연한 체계를 갖추었으면 좋겠습니다.

Q.

요즘 학생들은 시야가 좁거나 무기력에 빠져 있는 경우가 많습니다. 학점 잘 받는 것에만 신경을 쓰고 회장님이 말씀하신 '세상은 넓고 할 일은 많다'와 같은 생각은 하지 못합니다. 학생들에게 조금 더 넓은 시야를 갖게 하는 방법으로는 어떤 것이 있을까요? 또 학생들에게 들려주고 싶은 말이 있다면 말씀해 주시기 바랍니다.

A.

얼마 전에 어느 지방 대학교에 '세상은 넓고 할 일은 많다'라는 주제로 강의하러 갔다가 너무나 상처를 받았습니다. 인사를 하고 강의를 시작하자마자 초상집 분위기가 되었습니다. 모든 학생이 시선을 떨구고 눈도 마주치지 않으려 해서 강의하는 60분 내내 이대로 강의를 계속 해야 하나 하는 회의가 들었습니다. 제 말에 관심을 보이는 학생을 찾아보기 어려웠습니다. 하도 놀라 그 대학 총장님께 혹시 그날 학교에 무슨 나쁜 일이라도 있었는지 묻기도 했습니다. 그런 경험이 있어 질문하신 분의 심정에 충분히 공감이 갑니다. 안타깝지만 질문에 대한 충실한 답변이 아직 제게 준비되어 있지 않습니다. 다만 저는 그때 모인 학생 중의 단 한 사람이라도 저와 눈을 맞추고 '아, 저런 사람도 있구나'라며 열심히 제 이야기를 들어주었다면 제 강의는 성공했다고 생각합니다. 한 부모에서 난 자식도 모두 같지 않듯이 학생 또한 마찬가지일 것입니다. 앞서 말씀드린 바와 같이 다양한 학생들이 자신의 적성과 소질을 개발할 수 있도록 그들의 눈높이에 맞는 맞춤형 교육이 이루어진다면 한 명의 학생이라도 더 나은 길로 인도할 수 있을 것이라 기대합니다.

08

세계 최고의 팀을 이끄는 열정과 자부심

2017년 11월 21일 강연

아산의료원장

이승규

주요 약력

1949년	서울 출생
1973년	서울대학교 의학과 졸업
1984년	서울대학교 의학석사
1986년	서울대학교 의학박사
1989년	울산대학교 의과대학 임용
2009년	대한간학회 회장
2002년	서울아산병원 장기이식센터 소장
2008년	서울아산병원 간이식 및 간담도외과 과장
2013년	대한민국학술원 회원(외과학)
2014년	울산대학교 의과대학 석좌교수
2005년	쉐링임상의학상
2008년	성산 장기려상
2010년	아산의학상

리더십 포인트

아산정신의 실천과 목표에 헌신하는 팀플레이 선도

1. 설립자 정주영 회장님의 '도전정신'과 '인간존중'이라는 이념이 아산병원 가치 창조의 근간이 되었음

2. 초대 민병철 병원의 탁월한 리더십을 수련의 시절부터 배우고 터득했던 것이 외과의사의 역량과 정신을 세우는 데 큰 힘이 되었음

3. 다섯 살 때 협착성 심낭염을 치료하고 일본에서 수술을 받아 생명을 구했던 경험이 의사의 꿈을 키우게 한 동력원이었음

4. 이루고 싶은 목표를 되뇌고 상기하면서 목표를 이루기 위한 자세를 갖추게 됨으로써 지속적인 의료기술의 축적이 이루어졌음

5. 아산 병원의 신속한 의사결정 시스템이 아산병원 외과팀의 수술경쟁력을 확립하는 데 큰 힘이 되었음

6. 욕심과 오기를 부리지 말고, 환자의 데이터와 데이터의 축적을 통해 객관적이며 냉정한 판단을 중시하였음

7. 외과 수술의 경우 팀플레이 정신이 성공의 핵심 요소라는 점에서 팀의 자부심과 상호 존중의 정신을 북돋아왔음

8. 앞으로도 훌륭한 팀을 유지하기 위해 우수 인재 확보를 위한 끊임없는 노력에 매진해야 함

오연천

아산병원이 세계 정상에 오르기까지

저는 오늘 탁월한 리더에 의해서 울산대병원이 최고 수준의 병원으로 성장하게 된 내력, 특히 간 이식 분야에서 세계 정상의 자리에 오르기까지의 과정을 소개드리려 합니다. 아산병원의 설립자는 정주영 회장님입니다. 정주영 회장님은 1977년 '우리 사회의 가장 어려운 이웃을 돕는다'는 뜻을 실천하기 위해 아산사회복지재단을 설립하셨습니다. 재단 설립 후 시작한 사업 중 하나가 영덕, 보성, 정읍 등 농어촌 지역에 병원을 설립하는 것이었습니다. 재단이 설립한 7개 지역 병원을 선도하는 병원이자 국제적인 병원의 필요성이 제기되면서, 1989년에는 당시 우리나라에서는 가장 큰 규모인 1,000개의 병상을 갖춘 서울중앙병원을 개원했습니다. 아산병원으로 개칭한 것은 2002년입니다. 1989년 개원 당시 서울에는 이른바 '빅3'라고 불리는 세 개의 대형 병원이 있었습니다. 서울대학교병원, 연세대학교 세브란스병원, 가톨릭 의대 강남성모병원이었는데, 그 거대한 공룡 병원에 비해 후발 주자였던 서울중앙병원은 '빅3' 병원 틈에서 살아남기 위해 많은 노력을 기울여야 했습니다.

아산병원의 초대 원장은 민병철 선생님이라는 분입니다. 이 분이 10년 동안 병원장을 맡으시면서 탁월한 리더십을 발휘하여 아산병원을 최고의 자리에 놀려 놓으셨습니다. 저는 레지던트 1년차 때부터 민병철 원장님을 은사로 모셨습니다. 민병철 원장님은 머리가 좋으신 데다 수술도 굉장히 잘 하셨습니다. 당시 우리나라 의술은 일제시대 일본의 의술을 답습해서 발전시킨 단계였는데, 민병철 원장님은 한국인으로서는 최초로 미국 외과의사 전문의 자격을 획득하시고 선진 외과기술을 도입하셨습니다. 성격이 굉장히 까다로우셔서 레지던트로 일할 때 수술장에서 야단도 많이 맞았습니다. 레지던트 끝나면 다시는 선생님을 보지 않겠다고 결심한 적도 있습니다만, 그 후 각별한 인연을 맺고 세월이 한참 흐른 지금도 여전히 민병철 원장님을 은사로 모시고 있습니다. 병원에도 운명이 있다면, 아산병원의 운명을 바꾼 것이 바로 민병철 원장님이었습니다. 초대 원장님이 외과 의사였기 때문에 아산병원은 외과 중점 병원으로 성공할 수 있었습니다.

민병철 원장님은 '빅3' 병원 틈에서 아산병원이 살아남기 위해서는 장기이식에 도전해야 한다고 판단하셨습니다. 간담도 외과 전문의로서 민병철 원장님의 오랜 꿈은 간 이식이었습니다. 젊은 시절에는 그 꿈을 이루지 못하다가 아산병원 초대 원장님이 되고서는 병원의 생존을 위해 젊은 시절의 꿈에 도전하기로 결심하시

고 장기이식센터를 만드셨습니다. 그러고 나서는 저를 불러 간 이식에 도전해 보라고 말씀하셨습니다. 은사님의 명령이라 길게 생각하지 않고 해보겠다고 대답했습니다. 많은 병원이 간 이식에 상당히 집착합니다.

외과 수술 중에 가장 어려운 것이 간 이식 수술입니다. 수술의 난이도는 수술할 때 수혈량으로 알 수 있습니다. 간 이식의 평균 수혈량은 20pints 정도이고, 때로는 50~100pints가 필요할 때도 있습니다. 그에 비해 심장 이식에는 10pints, 신장 이식에는 2pints 정도면 됩니다. 1pint가 적혈구 400cc입니다. 우리 몸의 피가 5리터 정도 되므로 20pints 수혈량은 우리 몸에 있는 피를 두 번 갈 수 있는 양입니다. 그만큼 난이도가 높은 수술이라 어느 병원이 간 이식 수술을 할 수 있다는 것은 그 병원의 의료진 수준이 높은지 믿을 수 있는 병원인지를 판단할 수 있는 지표가 됩니다. 그런 지표는 병원 홍보에도 유용하기 때문에 모든 병원이 간 이식 수술에 집착하는 경향이 있습니다.

간 이식 수술을 비롯해 장기이식 수술이 일반 수술과 다른 점은 장기를 이식하기 위해서는 기증자가 있어야 한다는 점입니다.

간 이식은 기증자가 뇌사자인 뇌사간이식과, 기증자가 부모나 형제 등 주로 가족인 생체간이식으로 나뉩니다. 우리나라의 경우에는 뇌사자가 워낙 적어서 주로 생체간이식이 발달했습니다. 기술적으로는 생체간이식이 훨씬 어렵습니다. 뇌사자는 이미 돌아가신 분이기 때문에 수술하다 기증자에게 사고가 나도 큰 문제가 되지 않지만, 생체간이식은 살아 있는 사람의 간을 기증하는 것이므로 기증자에게 문제가 생기면 가족에게 큰 트라우마를 남길 수 있습니다. 기증자가 뇌사자 기증자든 가족 기증자든 기증자의 헌신과 사랑이 있어야 간 이식이 이루어집니다. 그래서 어떤 간 이식에나 기증자와 환자 사이의 관계가 만들어내는 감동적인 스토리가 있기 마련입니다. 그런 스토리는 사회의 이목을 끌기도 쉬워서 병원을 알리는 데에도 도움이 됩니다. 장기이식은 병원 외부에 있는 사람들에게 커다란 감동을 줄 뿐만 아니라 병원 내의 구성원들에게도 긍정적인 영향을 미칩니다. 수술 자체가 복합적이라 팀워크가 요구되기 때문에 수술에 성공했을 때 팀원들이 느끼는 만족감과 자부심 또한 큽니다. 간 이식은 어려울때가 많습니다. 생체간이식의 20% 정도는 절체절명의 순간에 이루어집니다. 신장이식이나 췌장이식과는 달리 간 이식은 응급 수술이 필요한 경우가 많습니다. 급성 전격성 간부전의 경우에는 간 이식을 24시간 내에 실시하지 않으면 급성혼수로 사망하게 됩니다. 24시간 내에 환자가 도착하면 재빨리 이식을 하고, 수술 후에도 섬세하게 관리해야 합니다. 어느 환자의 경우에는 의식불명의 상태에서 간 이식을 받고 몸이 모두 마비가 되었다가 저희가 현대 의학을 총동원해 혼신의 힘을 다해 돌본 끝에 의식을 되찾아 3개월 후에는 건강한 모습으로 퇴원하기도 했습니다. 간 이식이란 복잡하고 힘든 일이기 때문에 수술 과정에 참여한 모든 팀원은 자신이 그 팀에 참여했다는 데 대해 자긍심을 느낍니다. 평균 17~20시간 정도 걸리는 고된 수술을 새벽에서야 마칠 때도 있었지만 심지어 그때에도 수술장을 나서는 팀원들의 얼굴에는 함께 해냈다는 자부심이 가득했습니다.

도전정신을 강조한 정주영 회장님의 뜻을 살려 '도전, 열정, 환자와 사람'을 모토로 삼고 간 이식에 집중한 아산병원은 이제 간 이식 분야에서 세계를 선도하고 있습니다. 세계 최초의 뇌사간이식은 1967년에 미국에서 시작되었고, 우리나라에서는 1987년 서울대학

'국내 최초 소아생체간이식' 20주년을 맞아 여대생이 된 첫 이식 환자와 찍은 기념사진

교병원에서 뇌사간이식에 성공했습니다. 생체간이식의 경우에는 1994년에 제가 세계 최초보다 4년 늦었지만 국내에서는 최초로 성공했습니다. 이후 생체간이식의 발전은 아산병원이 이끌어왔습니다. 특히 우엽 이식은 아산병원이 홍콩에 이어 세계에서 두 번째로 시작했습니다. 아시아에서는 뇌사자 기증자가 드물어 생체간이식 분야는 아시아가 강했고, 특히 교토대학이 세계에서 가장 앞서 있었습니다. 아산병원은 2001년부터 교토대학을 추월해서 전 세계의 생체간이식을 리드하는 병원이 되었습니다. 1992년 8월부터 간 이식을 시작해서 세계에서 가장 빠른 속도로 간 이식 5000건을 달성했습니다. 최근에는 국내에서도 소위 '빅5'라 불리는 대형병원 중에서 아산병원의 간 이식 건수가 다른 병원의 간 이식 건수를 모두 합한 것보다 많습니다. 아산병원의 간 이식은 수술 결과도 무척 좋습니다. 국내 최초로 1994년에 간 이식을 했던 아이는 지금은 대학생이 되어 건강하게 생활하고 있습니다.

아산병원의 간 이식 수준이 높아지자 이제는 생체간이식에 취약

한 유럽과 미국의 선진국 병원들도 아산병원에 관심을 보이고 있습니다. 독일에서는 2002년부터 아산병원에 의사들을 견학 보내고 있습니다. 처음 견학 왔을 때는 독일 의사들의 콧대가 높았습니다. 그러나 하루만 간 이식 과정을 참관하고 나면 모두 경건해져서 저희 팀을 존경하는 표정을 지었습니다. 현재도 독일에서는 매년 전국에서 젊고 우수한 간 이식 전문 의사들을 선발해 아산병원에 견학을 보내고 있습니다. 수술 과정을 참관하며 행복한 표정을 짓고 있는 그들을 보면 저희도 보람을 많이 느낍니다. 몇 년 전에는 의료 선진국으로 알려진 이스라엘에서 생체간이식이 불가능하다고 판정한 환자를 저희가 수술해 성공하기도 했습니다. 2002년에는 저희 팀이 터키에 가서 터키 최초로 생체간이식에 성공했습니다. 몇 년 전부터는 아산사회복지재단의 후원을 받아 '아산인 아시아 프로젝트'라는 이름으로 개발도상국에 간 이식 기술을 전수해주는 사업도 벌이고 있습니다. 첫 사업은 2011년 몽골에서 시작했습니다. 아산병원 팀이 현지에 가서 36건 이식을 하며 기술을 전수했고, 현재는 많이 어렵지 않은 경우 몽골 의료진이 독자적으로 이식 수술을 해내고 있습니다. 베트남에서도 생체간이식을 해주었고, 2016년에는 카타르에서 최초로 생체간이식에 성공해 신문에 보도되기도 했습니다. 2015년에는 미네소타대학과 MOU를 맺었습니다. MOU의 조건은 미네소타 대학에서는 아산병원으로부터 생체간이식을 배우고, 아산병원은 미네소타대학에서 줄기세포에 대해 배우는 것입니다. 미국은 인구가 많아 간 이식 건수는 많지만 생체간이식은 뇌사간이식에 비해 상대적으로 적습니다. 일본은 생체간이식을 주로 하지만 전체 건수는 우리의 반밖에 안 됩니다. 미국과 일본 모두 생체간이식에 참여한 기증자가 사망한 일이 생긴 이후 생체간

이식 분야는 주춤하고 있는 형편입니다. 우리나라에서도 어느 대학병원에서 기증자가 사망한 적이 있지만, 아산병원에서는 기증자가 사망하거나 심각한 합병증이 나타난 경우가 없습니다. 말씀드린 바와 같이 이제 아산병원 이식센터는 전 세계로부터 그 수준을 인정받고 있습니다. 2015년부터는 백만 명 당 이식 건수 비율로 볼 때 간 이식과 생체간이식 건수 모두 우리나라가 미국을 앞질러 세계 1위가 되었습니다. 간 이식 분야에서는 우리나라가 세계를 선도하는 나라가 되었고, 그 중심에 아산병원이 있습니다.

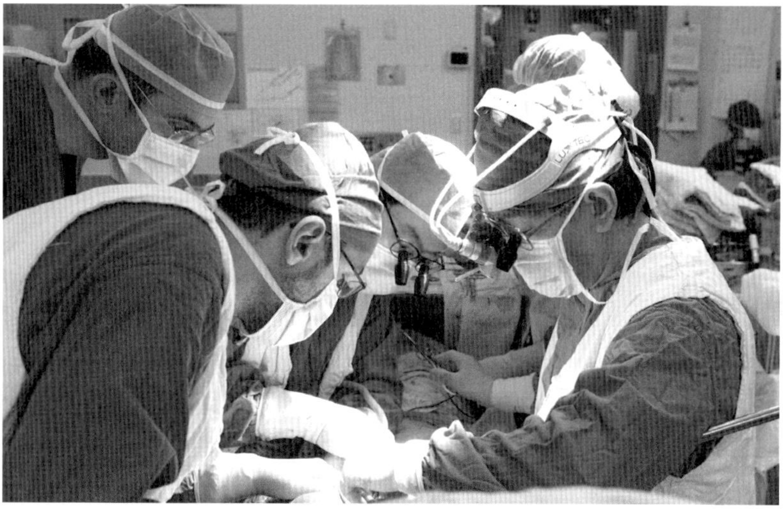

해외 의료진에게 간이식 수술법을 교육하는 이승규 원장

질의 응답

Q.

전공으로 외과를 선택하신 동기가 궁금합니다. 또 여러 의과대학 병원들도 있는데 후발 주자인 아산병원에 둥지를 트신 이유에 대해서도 말씀해 주시기 바랍니다.

A.

어릴 때 1년 정도 병상 생활을 했습니다. 다섯 살 때 심장수술을 받았습니다. 협착성심낭염이라는 병으로, 심장을 싸고 있는 막이 쪼그라들어 심장을 압박하는 질병입니다. 심장이 압박을 받으면 박동을 못해서 제대로 피를 보내지 못하기 때문에 배에 물이 차고 다리도 붓고 얼굴도 커집니다. 지금은 굉장히 쉬운 수술로 고칠 수 있지만 제가 어릴 때에는 우리나라 의술이 너무 열악해서 우리나라에서는 수술할 수 없었습니다. 아버님은 사방팔방으로 알아보신 끝에 일본행을 결정하셨습니다. 수술은 미국에서도 할 수 있었지만 미국으로 가기에는 비용 부담이 컸습니다. 또 일제시대 교육을 받아 일본말을 할 줄 아셨던 아버님으로서는 말도 안 통하는 미국보다는 일본이 낫겠다고 판단하셨습니다. 일본 동경대학에서 수술을 받고 1년 동안 일본에서 지냈습니다. 일본 전체에서 그 수술을 받고 살아난 케이스는 제가 첫 번째였습니다. 그렇게 어릴 때부터 병원 생활을 한 탓인지 흰 가운 입은 사람이 굉장히 친숙하고, 의사라는 직업이 괜찮다는 느낌이 있었습니다. 제가 고등학교에 다닐 때 아버님의 사업이 기울었습니다. 그 무렵 여러모로 고생을 많이 하신 아버님은 제게 편안하게 살기를 바란다며 의사가 되라고 권했습니다. 그런 이유들로 의대를 선택하게 되었습니다.

제가 전공의였을 때는 개업을 하면 외과 의사가 돈을 제일 많이 벌었습니다. 집안 형편도 생각해서 돈을 많이 벌겠다는 생각으로 외과에 갔는데, 처음에는 어릴 적 심장 수술 받은 일을 떠올리며 흉부외과를 선택할 작정이었습니다. 그런데 3학년 때 실습을 나가보니 흉부외과는 다루는 영역이 너무 좁았습니다. 반면 일반외과는 영역이 굉장히 넓고, 인원이 많아 조교들을 대거 거느리고 회진을 도는 모습도 멋져 보였습니다. 그래서 전공의 과정은 일반외과로 바꿨습니다. 일반외과 중에서도 졸업하고 제 병원을 개업할 생각으로 대장항문외과를 선택했습니다. 전공의 과정을 마치고 나니 민병철 선생님이 저를 부르셨습니다. 민병철 선생님은 개인 의원을 하시면서 서울대학교 교수로도 재직하다 정부에서 겸직을 못 하게 하자 서울대학교를 그만두고 병원 일에만 매진하셨습니다. 민병철 선생님은 당신 병원에 와서 일하라고 말씀하셨습니다. 앞서 말씀드렸듯이 민병철 선생님에게 배울 때 선생님이 너무 무서웠던 적이 많아 다시는 안 보겠다고 결심했지만, 워낙 수술을 잘 하셨던 분이라 몇 년 더 배우기로 마음을 고쳐먹었습니다. 선생님을 모시고 있던 중에 선생님이 고려대학교 구로병원장으로 가시면서 저도 여러 스태프와 함께 따라갔습니다. 거기서도 대장항문수술을 많이 했고, 간담도 전공이신 민병철 선생님 환자도 보면서 간담도 수술도 많이 했습니다. 하지만 고려대학교 병원에서 저는 비주류였고, 비주류가 남들 다 하는 쉬운 것을 해서는 도저히 생존할 수 없겠다는 생각이 들었습니다. 그래서 남들이 못 하는 것을 해야겠다고 생각하고 있던 때에 민병철 선생님이 저를 불렀습니다. 선생님은 "너, 대장항문 그만두고 간 이식이나 간 쪽을 공부하는 게 좋겠다."라고 말씀하셨습니다. 미국에 연수를 받으러 가기 6개월 전에 부랴부랴 전공을 바꿔 간담도 이식 쪽을 공부하고 싶다고 주임교수님께 말씀드렸습니다. 당연히 주임교수님은 화를 많이 내셨지만 저로서는 생존이 걸린 문제였기 때문에 잘 말씀드리고 전공을 바꿨습니다. 그러고 몇 달 지나지 않아 현대그룹에서 서울에 큰 병원을 설립하니 함께 가자는 제안을 받았습니다. 저는 너무 기뻐 주저 없이 제안을 받아들였습니다. 주변인 신세에서 벗어나 새로운 곳에서 새로운 일에 도전해볼 수 있겠다는 희망과 기쁨으로 아산병원을 선택하게 되었습니다.

Q.

정주영 회장님께서 아산병원에 투자를 많이 하셨겠지만 그래도 초기에는 여러 면에서 어려움이 있었을 듯합니다. 아산병원 개원 초기에 간 이식이라는 새로운 전공을 선택하고 그 기술을 발전시키는 과정에서 어려운 점은 무엇이었고, 그것을 어떻게 극복했는지 궁금합니다.

A.

아산병원으로 옮기고 바로 간 이식을 했던 것은 아닙니다. 정식으로 환자를 보기 시작한 것은 1989년 6월부터였는데, 그때는 대장항문 수술, 간 수술 등 제가 할 수 있는 것은 다 했습니다. 그렇게 1년쯤 지났을 때 민병철 원장님이 저를 부르시더니 간 이식을 해야겠다고 말씀하셨습니다. 그때 아산병원에는 커다란 장점이 하나 있었습니다. 장비 하나를 사려 해도 여러 심사를 거쳐야 해서 오랜 시간이 걸리는 다른 병원과 달리 아산병원은 의사 결정이 신속했습니다. 리더가 꼭 필요하다고 판단하면 다른 병원이면 6개월 넘게 걸려야 들여올 수 있는 장비가 한 달이면 들어왔습니다. 특히 제게 도움이 되었던 것은 당신이 이루지 못한 간 이식의 꿈을 제자를 통해 이뤄보겠다는 원장님의 의지였습니다. 1991년부터 매주 토요일 동물실험연구소에서 개를 대상으로 1년 동안 간 이식을 실험했습니다. 그때 개 한 마리 값이 꽤 비쌌습니다. 한 번 실험에 200만 원 정도 들었는데, 다른 병원 같으면 절대 그렇게 많은 비용을 지원하지 못했을 것입니다. 원장님이 외과 전공의였고, 특히나 간 이식에 대한 꿈이 있었던 분이었기 때문에 그런 지원이 가능했습니다. 1년 동안 동물실험을 하고 다음 해에 독일 하노버에서 한 달 반 정도 정리한 후, 1992년 8월에 본격적으로 간 이식을 시작했습니다.

Q.

간 이식을 시작한 지 얼마 지나지 않아 세계적 수준에 올라설 수 있었던 힘은 어디에서 온 것입니까? 또 그러한 목표를 달성하기 위해서는 팀워크도 중요했을 텐데, 팀워크는 어떻게 관리하셨습니까?

A.

지나온 인생을 돌이켜보면 인생에서 어떤 목표를 이루려 할 때는 노력과 함께 운도 많이 작용한다고 생각합니다. 감사하게도 저는 좋은 선생님을 만났고, 자식을 극성으로 키우신 부모님 덕에 좋은 학교에도 갈 수 있었습니다. 물론 노력도 중요합니다. 무엇인가 이루고 싶은 목표가 있다면 그것을 자꾸 되뇌고 상기시켜야 합니다. 그러면 자신도 모르게 그 목표를 이루기 위한 태도가 만들어지고 노력도 하게 됩니다. '나는 앞으로 간 이식에서 1등 의사가 되겠다.', '서울대학교병원이나 세브란스병원을 추월해

1등 병원을 만들겠다.', '교토대학을 제치고 세계적인 병원이 되겠다.' 등을 자꾸 되뇌고 상기시키면 그런 목표를 이루기 위한 자세를 갖출 수 있습니다. 제 자랑을 조금 하자면, 제가 일이 굉장히 많습니다. 간 이식 수술의 20%가 응급수술입니다. 낮과 밤이 따로 없고 주말과 주중을 가리지 않습니다. 간 이식은 팀워크로 하는 일이기 때문에 저뿐만 아니라 간호사, 수련의까지 저희 팀원들은 모두 다른 수술팀원에 비해 일이 많습니다. 그렇지만 단 한 사람도 저희 간 이식 팀이 싫다고 떠난 적이 없습니다. 저는 그 점이 매우 자랑스럽습니다. 저는 팀원들이 '내가 하는 일이 정말로 우리 팀에 도움이 되는구나.', '내가 이 팀의 일원으로서 제 역할을 하고 있구나.'와 같이 생각하게 하려고 노력합니다. 한 식구로 여기는 팀원들에게 자부심을 불어넣는 것이 중요합니다. 그래서 기회가 있을 때마다 칭찬도 많이 하고, 한 식구처럼 스스럼없이 지내려고 노력합니다. 서로 배려하고 존중하면서 함께 같은 길을 가고 있다는 생각을 심어주는 것이 무엇보다 중요합니다.

Q.

원장님께서 세계 최초로 성공하신 수술이 많습니다. 아무도 안 해본 수술에 도전하기는 쉽지 않은 일일 듯합니다. 성공할 거라는 확신이 있었나요? 혹시 잘못될지도 모른다는 불안감이 들거나 망설이신 적은 없나요?

A.

세계 최초로 시도한 수술이 많습니다. 당연히 수술하기 전에 제 나름대로 디자인을 많이 합니다. 어떤 경우에는 동물실험도 해봅니다. 즉흥적으로 시도하는 것이 아니고 많이 생각하고 디자인하고 또 실험을 해보면서 도전하는 것이기 때문에 저는 한 번도 제 도전이 실패할지도 모른다는 불안감을 느꼈던 적은 없습니다.

Q.

다른 병원에서는 기증자가 사망하는 경우도 있었다고 하셨습니다. 또 간은 워낙 중요한 기관이라 이식 수술은 자칫하면 생명을 위협할 수도 있다는 불확실성에서 자유로울 수 없을 듯합니다. 그런 불확실성으로 인한 스트레스는 없나요? 또 있다면 그런 스트레스는 어떻게 극복하시나요?

A.

말씀하신 대로 뇌사간이식과는 달리 생체간이식에는 수술로 인해 기증자가 위험에 처할 가능성이 있습니다. 그러나 무슨 수술이든, 처음 시도하든 수천 번을 해봤든 가이드라인을 벗어나지 않으면 절대로 사고가 나지 않습니다. 오랜 수술 경험을 바탕으로 자기 나름의 가이드라인을 만들어야 합니다. 저희에게는 '아산 글로벌 스탠더드'라고 불리는 고유의 사고 방지 가이드라인이 있습니다. 가이드라인은 철저하게 데이터를 토대로 만든 것입니다. 의학은 과학이고, 의사는 과학자입니다. 과학적인 데이터에 근거한 가이드라인을 지키면 사고가 나지 않습니다. 만의 하나 사고가 난다 하더라도 최소화할 수 있습니다. 수술할 때는 절대 욕심을 부려서는 안 됩니다. 또 제가 해왔던 과정 중에서 문제가 있었던 경우는 철저하게 머릿속에 입력해 두어야 합니다. 그래서 저희는 지금까지 몇 천 건 수술을 했지만 한 번도 사망자가 발생한 일이 없고 심각한 합병증을 유발한 적도 없습니다. 모든 결정은 과학적인 데이터에 근거해서 내려야 합니다. 우리나라 다른 병원에서 기증자가 사망했던 사고는 욕심 때문에 발생했습니다. 제가 수술할 수 없다고 판단해 돌려보낸 환자였는데, 다른 병원에서는 괜찮다며 수술하다가 사고가 났습니다. 아산병원을 앞서겠다는 욕심에서 비롯된 결과라고 봅니다. 절대 욕심이나 오기를 부려서는 안 됩니다. 조금 이상하다 싶은 느낌이 들면 과거의 기록을 정리해보고 데이터에 근거해서 결정을 내려야 합니다. 저는 '기분이 이상하다. 안 해야 되겠다.'라는 생각이 드는 경우에는 절대 시도하지 않습니다. 환자의 데이터를 보고 '충분히 견딜 수 있겠다.'라고 판단할 경우에만 수술에 나섭니다.

Q.

1년에 400건이 넘게 수술을 하시면 하루에 한 건 이상 하시는 셈입니다. 짧게 끝나는 수술도 아니고 팀원 관리에도 신경을 써야 하니 무척 바쁘실 것이라 생각합니다. 그렇게 바쁘신 가운데에도 가정에 소홀하지 않으시다고 들었습니다. 일과 가정 사이에서 균형을 유지하는 비결이 궁금합니다.

간이식 500례 기념 사진

A.

1년에 450건이나 수술한 해도 있습니다. 하루에 한 건 이상 수술한 적도 많았던 셈입니다. 수술 시간도 생체 2:1 간 이식 같이 어려운 수술의 경우에는 24시간이나 걸립니다. 혼자서는 할 수 없는 일입니다. 굉장한 팀워크가 필요하고 팀을 계속해서 발전시켜야 합니다. 그러기 위해서는 훌륭한 팀원을 양성해야 합니다. 간 이식 팀이 저를 포함해서 모두 아홉 명인데, 나머지는 모두 제 제자들입니다. 모두 저와 20년 넘게 함께 일한 의사들입니다. 외국에서 온 방문객들이 보고는 아산병원 이식 팀은 수술하는 방법이 모두 저와 같다며 놀라워합니다. 그런 이야기를 들으면 뿌듯합니다. 잘 가르쳤다는 생각이 들어 보람을 느끼고, 무엇보다 저와 똑같이 수술해서 환자에게 좋은 결과를 안겨줄 수 있으니 기분이 좋습니다. 팀원들은 수술 과정의 일부를 분담합니다. 제가 맡은 부분이 끝나면 다른 팀원이 이어가는 식입니다. 그런 방식으로 수술하기 때문에 많이 수술할 수 있습니다. 물론 초창기에는 제가 전 과정을 다 했습니다. 그 시기에 가장 오래 한 수술로는 36시간이나 걸린 적도 있습니다. 집에서는 아내 말을 잘 듣습니다. 아내도 제 처지와 상황을 잘 이해해 주는 편입니다. 일과 가정 사이의 균형을 유지하기 위해서는 자기가 하는 일을 잘 이해해주는 배우자를 만나는 것도 중요합니다.

Q.

팀원들이 모두 뛰어난 의사들이라 나중에 후계자를 선정하는 것도 쉽지 않은 일일 듯합니다. 만약 팀원 중에 후계자를 선정해야 한다면 어떤 기준을 적용하시겠습니까?

A.

리더는 능력이 뛰어난 사람이어야 합니다. 능력이 작은 사람은 생각과 목표가 자기의 능력만큼으로 한정되어 있습니다. 자기가 할 수 있는 수술만 하려 들 것이고, 그것이 팀 전체의 목표가 될 것입니다. 도전적이고 과감하고 진취적이고 수술을 잘 하는 사람이 리더가 되면 팀의 목표도 그만큼 커집니다. 그래서 저를 이어 팀을 이끌 사람은 능력이 뛰어나고 전체 팀의 능력을 극대화할 수 있는 사람이어야 합니다. 그래야만 아산병원이 계속 발전할 수 있습니다. 또 새로운 일에 도전하자는 제안을 흔쾌히 받아들이는 긍정적인 자세도 중요합니다. 그런 자세를 가진 사람이어야만 함께 토론하면서 한 걸음 나아갈 수 있습니다.

Q.

아산의학상을 수상하시고 받은 상금 3억 원을 의과대학 학생과 간호사 팀원 등을 위해 써달리며 모두 기부하셨습니다. 쉽지 않은 결정이었을 텐데 어떻게 그런 결정을 내리게 되었나요? 가족들이 서운해하지는 않던가요?

A.

상금을 받으면 생각이 복잡해집니다. 상금을 어떻게 써야 할지 많이 고민하게 됩니다. 동료나 팀원들도 제가 상금을 어떻게 쓰는지 주시합니다. 그 상을 받는 데 자신들이 기여한 부분도 있다고 생각하기 때문입니다. 그래서 상금을 가장 잘 쓰는 방법은 동료나 팀원과 나누는 것입니다. 아내도 좋은 결정이라며 전혀 반대하지 않았습니다. 울산대학교에 기부하면서 용처에 관해 몇 가지 조건을 달았습니다. 1/4은 의과대학 학생들을 위해서, 1/4은

제 간 이식 팀원들의 첫 자녀가 대학에 들어갔을 때 등록금으로, 1/4은 간호사들의 해외 학기 지원금으로, 나머지 1/4은 병원의 발전 기금으로 써달라고 부탁드렸습니다. 까다로운 조건이었는데 울산대학교에서 흔쾌히 수용해 주셔서 고맙게 생각합니다.

Q.

원장님에게는 '전설의 외과의사', '세계 최고의 칼잡이' 등의 별명이 있다고 들었습니다. 그런 별명을 얻을 정도로 일하다 보면 스트레스도 많을 텐데 어떻게 스트레스를 해소하는지 궁금합니다. 술로 스트레스를 푸는 의사도 많던데, 술은 잘 드시나요?

A.

술은 잘 안 마시고 잘 못 먹습니다. 젊었을 때는 술을 배우려고 비번일 때마다 숙소에서 소주를 마신 적도 있습니다. 그런데 아무리 노력해도 반 병 이상으로는 주량이 늘지 않아서 술 배우는 것은 포기했습니다. 스트레스가 생각보다 많지는 않습니다. 간 이식 초기에 수술이 잘 됐는데도 환자가 사망한 적이 있었습니다. 그때는 교회에 나가서 신을 원망하기도 했습니다. 그 후

어느 정도 경험이 쌓이고 나서는 그럴 일이 없었습니다. 누구에게든 건강이 제일 중요합니다. 건강하게 살면서 삶의 질을 최상으로 유지하는 최선의 방법은 규칙적으로 운동하는 것입니다. 저는 매일 헬스장에서 한 시간 정도 운동합니다. 운동은 밥 먹는 것과 똑같은 재활치료라고 생각합니다. 운동으로 하루의 피로를 씻어내다 보니 운동에 중독이 되었습니다. 너무나 피곤해서 헉헉대다가도 헬스장에 가서 땀을 흘리고 샤워하고 나오면 피로가 날아가고 몸도 날아갈 것 같습니다. 그래서 저는 40대 이상인 분들은 하루 세 끼 식사처럼 운동하실 것을 권장합니다.

09

꾸준히 쌓은 신뢰가 조직발전의 힘

2018년 4월 17일 강연

(주)덕양 회장

이치윤

주요 약력

1962년	울산 출생
1986년	울산대학교 경영학과 졸업
1999년	고려대학교 경영대학원 경영자과정 수료
2004년	서울대학교 행정대학원 국가정책과정 수료
2008년	㈜덕양 대표이사 사장
2014년	한국수소산업협회 회장
2014년	㈜덕양 대표이사 회장
2018년	울산상공회의소 감사

리더십 포인트

끈기와 도전, 합리적 사고와 결단, 그리고 나눔의 리더십

리더는 조직 내에서 어떻게 구성원의 능력을 개발하고 공동의 목표를 이루어낼지에 대해 끊임없이 고민하고 노력한다. ㈜덕양 이치윤 회장 역시 자신만의 리더십을 통해 산업용 가스를 취급하는 소규모 회사를 매출액 3,000억의 중견기업으로 성장시켰다. 그의 기업과 인생에 관한 이야기는 다음과 같은 리더십 요체를 보여준다.

1. 끈기와 도전정신

기본적인 것들을 견고하게 유지하며 초심을 견지해 온 그는 실패를 두려워하지 않고 끊임없이 도전하고 시도해 왔다. 성취하고 싶은 바를 끝까지 관철하는 끈기와 일관된 모습을 유지해 가려는 노력을 통해 신뢰를 얻어갔다.

2. 합리적 사고와 신속한 결단

합리적인 사고방식 즉 중용의 정신을 스스로 몸에 익히면서 인재를 육성하는 데에도 이를 적용해 왔다. 구성원 간 융화 속에 창의적인 마인드를 창출해 온 것이다. 2000년 대형사고가 발생했을 때 직원들을 안심시키며 냉정한 판단 속에 신속한 결단으로 대처한 일화도 소개하고 있다.

3. 나눔과 배려 그리고 통찰

지역 향토기업으로서 춘포문화장학재단을 설립하는 등 사회 속에서 선행을 이어감으로써 나눔과 배려의 철학을 실천하고 있다. 국내외 현장에서 몸소 체험하며 얻은 식견을 바탕으로 대학 내 수소학과의 신설 제의 등 미래에 대한 통찰을 피력하면서, 학생들에게 "종합적 사고를 통해 통합적으로 바라볼 수 있는 사람이 되자"라고도 호소하고 있다.

이와 함께 그의 이야기 속에는 비전 수립과 목표 공유, 인재 육성, 리스크 관리 등 실용적 리더십 전략 등 유익한 내용이 담겨있다.

이인택 교수

꾸준히 쌓은 신뢰가 조직발전의 힘

덕양이 산업용 고압가스를 취급한 지 54년이 되었습니다. 저희 회사는 산소, 질소, 아르곤 등 각종 산업용 가스부터 믹스가스, 특수가스, 수소 등 다양한 가스를 생산하고 있습니다. 현재 매출의 70%를 차지하고 있는 것은 수소가스이며, 수소경제사회 진입을 위한 준비를 하고 있습니다. 국내 최대 수소생산기업인 덕양은 시간당 5만루베짜리 수소공장을 2014년도에 완성했고, S-Oil에 시간당 5만루베의 수소를 공급하기 위한 공장을 2018년 10월을 목표로 건립하고 있습니다. 산업용 가스를 전문적으로 공급하고 제조, 설비 시행, 일괄 공급 등 최적화된 서비스를 제공하기 위한 기술력을 갖추기 위해 노력하고 있습니다.

수소가스의 장점은 무공해, 무소음, 무한정 미래 청정에너지라는 것입니다. 우주의 약 70%이상이 수소로 이루어진다고 알고 있습니다. 수소는 미래 청정에너지 중의 하나로 쓰임새가 다양하기 때문에 굉장히 중요하다고 생각합니다. 수소에너지는 물 혹은 유기물 화석연료 등 화합물 형태로 존재하며 여러 형태로 얻어지는 에너지입니다. 생산된 수소를 고압가스, 액체수소 등 다양한 방법으로 저장하여 공급·유통하고 있습니다. 수소는 프로탄, 부탄, 휘발유, 등유 등의 약 3배 정도의 에너지를 방출합니다. 덕양이 시행하는 수소생산 방식은 열화학적 방법과 전기분해 공정이 있습니다. 화석연료로부터 생산되는 천연가스를 공급하기도 하고, NaCl 이라는 전기분해 방식으로 생산된 것을 정제하여 공급하기도 합니다. 우리나라는 164만톤의 수소가 생산됩니다. 164만톤 수소의 약

2014년 제10회 국제수소연료전지 박람회에 참석한 이치윤 회장

45%를 정유 업체에서 자체적으로 공급해 쓰고 있고, 화학업체가 약 40%, 기타산업용으로 약 15%가 공급되고 있습니다. 수소를 자체적으로 생산·공급하는 대표적인 기업은 덕양, SK에너지, S-Oil, 롯데케미칼 등이 있고 대화유화 같은 곳은 덕양 및 다른 회사를 통해 공급받고 있습니다. 전기분해공법으로 생산하는 곳은 롯데정밀화학, LG, 한화케미칼 등이 있습니다. 수소생산은 울산지역이 약 50%로 주축이 되며 여수, 대산 등 기타지역에서 생산되고 있습니다. 덕양은 LPG와 천연가스를 분해하여 5만루베의 수소를 생산해서 직접 공급하고 향후 덕양케미칼에서 공정, 생산이 가능하게 되면 약 10만루베의 자가 생산된 수소를 공급할 수 있게 됩니다.

덕양은 울산지역 지하에 묻혀져 있는 약100km의 배관을 통해 수소를 공급하고 있고, 생산된 수소는 산업용 혹은 발전용, 가정용 등으로 소비됩니다. 국내에서는 대부분 산업용으로 소비되고 앞으로는 수소전기차, 수소연료전지 발전 등 복합적으로 사용될 수 있을 것이라고 기대합니다. 수소자동차 충전소는 울산 외에 인천, 경기,

화성, 충남, 내포, 광주, 창원 등 11곳에 운영되고 있고, 현재의 수소 충전소 연료는 개질수소를 사용하는 것이 아니고 덕양의 튜브트레일러로 공급하고 압축해서 수소자동차에 사용하고 있습니다. 국내에서는 울산, 여수, 대산 지역의 석유화학단지 내에서 수소를 생산하여 튜브트레일러를 통해 운반하고 있습니다. 약 450대의 튜브트레일러가 고압용으로 공급되고 있고 약 200kg정도의 튜브트레일러를 공급하면 30~40대 정도의 수소자동차에 공급이 가능합니다.

지역별 수소산업 동향을 살펴보면, 울산광역시에 수소충전소가 최초로 설치되었고 울산은 충전소 2개, 수소전기차 40대가 보급되어 있고, 수소전기차를 생산하는 공장뿐만 아니라 수소택시가 최초로 운영되고 있으며 수소타운도 조성되어 있습니다. 울산 다음으로는 충청남도가 수소에 급속한 관심을 가지고 있습니다. 수소차 운영 1곳, 차량 27대 보급, 각종 연료전지에도 관심을 가지고 있습니다. 광주광역시도 수소차 카쉐어링을 시범사업으로 수소융복합 충전소를 설치하고 위험수위 평가 사업을 진행하고 있습니다. 창원시는 최근에 수소충전소와 수소산업에 굉장히 빠른 속도로 뛰어들고 있습니다. 강원도는 평창올림픽 개최와 더불어 수소충전소 준비를 하고 있으며 직접 수소를 개질하여 쓰는 것이 아니라 덕양에서 수소 튜브트레일러를 공급받고 있습니다.

앞으로 수소산업은 급격히 발전할 것이라고 생각됩니다. 수소의 수요가 많으면 수소액화플랜트를 사용하여 대규모로 수소를 저장하고 운송하는 사업들이 증가하게 될 것입니다. 수소액화트레일러를 통해 공급하는 방법이 생겨날 것으로 예상됩니다. 미국의 경우 장거리 운송 시 수소를 대용량 생산하여 액화시켜 운송한 후, 현장에서 기화시켜서 사용하고 있습니다.

수소가 국민들에게 대중적으로 어떻게 알려지면 조금 더 친화적인 수소가 될 것인가. 일반적으로 사람들이 생각하는 수소폭탄이 아니라 사회에 유용하게 쓰일 수 있는 것이라는 것을 고민하고 있습니다. 수소는 다양한 에너지원에서 생산이 가능합니다. 석탄과 석유, 천연가스 등을 개질해서 공급받기도 하고 물을 전기분해해서 생산하기도 합니다. 앞으로 수소를 생산하는 방법은 더욱 발전할 것이라고 생각합니다. 녹색성장의 한 방편으로서, 수소를 재생에너지와 연계하여 이산화탄소 배출 제로 가스로 생산하는 방법도 가능할 것이라고 생각합니다. 그 무한한 에너지원을 이용하여 재생에너지와 수소를 저장할 수 있는 전기저장장치 등을 통해 수소의 사용이 앞으로 더욱 확대될 것이라고 확신합니다. 일반인들이 수소폭탄이라는 선입견을 줄이고 산업계를 중심으로 수소산업이 활성화 될 수 있는 기회를 만들어주는 것이 필요하다고 생각됩니다. 제도적으로 미비한 것들을 개선하고 신속하게 수소전기차 구입보조금 확대 및 수소전기차 구매시스템 확충을 위한 인프라 구축 등의 좋은 기회가 만들어질 것이라고 생각합니다. 회사 차원에서는 대중적으로 수소가 접근 가능하도록 수소타운 혹은 수소전기하우스, 수소에너지존, 카쉐어링 등 다양한 방법을 모색하여 앞으로 수소경제사회 진입을 위한 적극적 역할을 하고자 합니다.

덕양에 몸담고 있으며 수소산업 활성화에 기여하고 있고 수소산업협회 초대 회장을 맡으면서 수소산업에 큰 역할을 했습니다. 덕양이 산업용 고압가스 회사로서 해외기업들과 경쟁할 수 있는 것은 종합적으로 가스를 취급할 수 있는 가장 기초적인 것들을 견고하게 잘해왔기 때문입니다. 이제 덕양은 매출액 3,000억 정도의 중견기업으로 성장했지만 1981년 입사 당시에는 매출액 15억 정도의 소규모 회사였습니다. 처음 입사해서는 대학 학업을 병행하며 회사에 다녔습니다. 회사에 들어와서 느낀 것은 아버님이 기초적인 바탕을 견고하게 잘 만들어 놓으셨다는 것이었습니다. 아버님이 일구어 놓으신 기초가 상당히 중요하다고 생각했고 이것을 바탕으로 수소를 취급하게 되었습니다. 국내에 수소를 사용하는 곳은 다양하게 있는데 당시에도 유지회사 혹은 금속 코팅회사, 열처리회사 등의 분야에서 사용했습니다. 울산에서 수소를 취급하게 된 것은 인근에 석유화학단지 공장들이 있고 석유화학단지에서 나오는 수소를 어떻게 잘 활용하여 정제하고 공급하느냐에 관심을 가지던 것이 성공의 계기가 되었고 이러한 입지 조건은 전국적으로 수소를 공급할 수 있는 좋은 계기가 되었습니다. 덕양은 수소만 취급하는 회사만이 아닌 우리나라 최초로 자동차배기용 측정가스와 음주를 측정하는 표준가스인 알코올가스를 만들어 냈습니다. 해외 현장 방문을 통해 식견을 넓히고 실무를 몸소 체감하며 보고 익힌 것이 좋은 결과로 이어질 수 있었습니다.

질의 응답

Q.

부친께서 하셨던 사업은 구체적으로 어떠한 사업이었습니까?

A.

부친은 1964년경 울산에서 사업을 시작하셨고 주로 산소, 아세탈린 공급을 담당하는 소규모 기업으로 가스 판매와 화학재료 판매를 했습니다.

Q.

경영학도로서 화학공업에 대한 지식을 독학으로 습득하거나 기존에 부친께서 주력하던 산소나 아세탈린 사업 이외의 수소라는 새로운 아이템을 찾아내어 매출액을 늘렸다고 했는데 화학분야에 기본지식이 풍부하지 못했음에도 불구하고 새로운 기업 가치를 창조하는 데 어떻게 큰 역할을 했는지 묻고 싶습니다.

A.

회사에 입사하여 30년이 넘었는데 그동안 직접 많은 곳을 찾아 다녔습니다. 현장을 누비며 몸으로 체감하며 배우기 위해 노력했습니다. 그러던 중 가스에 관심을 가지게 되었습니다. 초기 산업은행에서 정책융자를 받았던 것이 회사가 도약하는 계기가 되었고 그 명분은 반도체용 재료공급을 위한 파이프 건설이었습니다. 이로 인해 수소가스를 대량으로 공급할 수 있게 되어 회사가 빠른 속도로 성장하게 되었습니다.

Q.

지역향토기업이라는 이점이 울산화학단지 기업과의 원활한 소통 및 신뢰 관계 구축에 도움이 되었다고 생각하십니까?

A.

지역사회에 기여하기 위해 춘포문화장학재단을 만들었고 이러한 선행들이 지역사회에 점차 알려지게 되었습니다. 부친이 오랜시간 꾸준하게 좋은 신뢰관계를 형성해 놓은 것이 자양분이 되었고 수소공장을 건립하게 된 것도 지역사회에서 사회적 기업, 지역향토 기업을 대표하여 SK, S-Oil 등과 서로 상생하는 신뢰관계를 구축한 것이 큰 원동력이 되었습니다.

Q.

울산대 졸업생으로 울산대학교와 지속적인 관계를 맺고 있으신데 대학이 교육부문에 있어서 어떠한 인재를 배출하면 좋을지 조언을 부탁드립니다.

A.

전공과목도 중요하지만 종합적 사고를 통해 통합적인 것을 볼 수 있는 사람이 될 수 있도록 교육해주셨으면 좋겠습니다. 회사에서는 기술력이 뛰어난 사람도 필요하지만, 지속적으로 회사를 함께 운영해갈 수 있는 신뢰를 쌓아 회사를 키워나갈 수 있는 사람이 필요하다고 생각합니다.

Q.

대학시절 부친이 운영하던 회사업무에 적극적으로 참여하며 학업을 병행했는데, 다른 동료학생들과의 관계는 어떠했습니까?

A.

동료 학생들과 많이 어울리며 대학 생활을 했고, 지금까지도 좋은 관계를 유지하며 도움을 주신 분들이 많습니다.

Q.

앞으로 수소시장의 규모가 커져 수소경제가 올 것이라고 예측하셨는데, 앞으로 구체화된 계획이나 전략이 있으신지 궁금합니다.

A.

수소공급 수요가 커지게 되면 수소분야가 성장·발전할 것이라고 예상하고 있습니다. 최근 도시가스 회사들이 수소 관련 공장을 짓기 위해 회사견학 문의가 많습니다. 아마 대기업을 포함한 많은 회사들이 수소 분야로 뛰어들 것으로 생각하고 있으며, 경쟁에 대한 사전 준비로서 R&D 분야에 집중할 필요가 있다고 생각합니다.

Q.

가장 힘들었던 난관에 대해 궁금합니다. 그리고 난관을 어떻게 해결하셨는지에 대해 말씀해 주십시오.

A.

2000년 수소공장에서 튜브트레일러에 큰 사고가 있었습니다. 트레일러는 약 200kg 수소를 충전해서 고압으로 공급할 수 있는 장치인데, 차량을 충전하는 과정에서 실수로 트레일러를 이동시켜 탈락하였고 그 과정에서 50미터까지 불길이 발생했었습니다. 모두 당황했지만 우선 직원들을 현장에서 독려하여 안심시켰고, 불이 붙은 상태로는 진화가 어려워 차량을 안전한 곳으로 이동시켜 화염이 소강상태가 되기까지 기다렸다가 소화하여 사고를 수습한 일이 있었습니다.

두 번째는, 10년 전 SK로부터 수소를 공급받고 싶다는 제안을 받았을 때입니다. 기업이미지 뿐만 아니라 이덕우 명예회장님에 대한 이미지도 좋았었지만, 외국계기업에서도 시장 진입을 시도하고 있어서 덕양이 1,000억 규모의 계약을 꼭 따내야 하는 상황이었습니다. 당시에 계약과정에서 SK로부터 많은 도움과 배움을 얻었고, 이것을 토대로 많은 성장과 발전을 이룰 수 있었습니다. 현재는 SK에 문제가 생길 때 자문을 해줄 정도로 기술적으로 성장을 하였고, 서로 상생하는 관계를 맺고 있습니다.

Q.

기업이나 학교는 인재를 필요로 하는 조직입니다. 앞으로 덕양이 글로벌 기업이 되기 위해서 어떻게 젊은 인재들의 특성을 잘 살려 활용할 것인지에 대한 생각을 듣고 싶습니다.

A.

저는 합리적인 사고방식이 중요하다고 생각합니다. 일본 유키치 교육이론 중 「중용의 정신」 을 보면 합리적인 생각을 하게끔 하는 것이 중용이라고 합니다. 기술적인 능력과 처리능력에는 크게 차이가 나지 않는다고 본다면 합리적인 사고방식을 가지고 있느냐 없느냐의 유무를 판단해서 직원을 뽑아야 한다고 생각합니다. 합리적인 사고방식을 갖기 위한 몇 가지 조언을 학생들에게 한다면 다음과 같습니다. 첫째 자기가 성취하고 싶은 것을 지속해서 가져갈 수 있는 것과, 둘째 처음에 가졌던 생각을 남들에게 보여줄 때 똑같은 모습을 유지할 수 있을 것과, 셋째 그런 사람이 될 수 있는 자질을 가지면 좋겠다는 말을 하고 싶습니다.

Q.

덕양 수소산업과 지역사회 전체적인 산업구조는 아주 밀접한 연관관계가 있다고 볼 수 있습니다. 울산지역의 미래경제를 어떻게 예측하며 변화하는 환경 속에서의 대응책 혹은 발전방향에 대해 말씀해 주십시오.

A.

미래를 위해서 울산이 지금 준비해야 할 일은 '고도화'라고 생각하고, 이를 위한 첫 단추로 울산대학교에서 수소학과를 신설하면 좋겠다는 생각을 가지고 있습니다. 저는 수소 분야의 전문가는 아니지만 수소 분야에서 발전할 수 있는 가능성이 상당히 많다고 봅니다. 이를테면 '수소분자에서 더 나아가서 수소원자를 이용하면 각종 산업을 더욱 활성화 시킬 수 있지 않나' 하는 생각도 합니다. 수소산업은 조선업종, 석유화학업종, 자동차 생산 관련 산업과 직·간접적으로 연관이 있습니다. 물에서 수소를 원자화해서 물로 가는 전기자동차가 나오는 방법도 앞으로 연구해볼 필요가 있고, 그 외 산업도 앞으로 발전하지 않을까 하는 생각도 가지고 있습니다. 향후 울산 석유화학업종, 자동차생산 관련 산업 등에 불황이 닥칠 수 있겠지만, 수소산업과 함께 기업이 발전한다면 좀 더 상황이 좋지 않을까 예상합니다.

Q.

남들보다 앞서가기 위해서 스스로 어떠한 노력을 하는지와 아이디어를 창출하기 위해서 어떤 노력을 하시는지에 대해서도 말씀해 주십시오.

A.

사실 운이 좋다고 생각합니다. 울산지역 석유·화학단지에 위치해 지역적 이점을 가지고 사업을 시작했고, 부생(*화학공정 부산물로 발생하는 수소)으로 나오는 수소를 체크하고, 부생으로 나오는 수소를 어떻게 활용할 수 있느냐를 생각했던 것이 수소가 많이 팔리게 되는 계기가 되었다고 생각합니다. 파이프라인을 통한 카트리지 대량 출고, 국내 첫 수소카트리지 생산, 국내 최초 석유화학공정용 표준가스 및 혼합가스 생산 등 처음 시도한 부분들이 상당히 많습니다. 개인적으로 시를 좋아하고 시를 쓸 때 한 번에 써내려갈 정도로 아이디어가 풍부한 편이지만 그 중에 실패한 시도도 상당히 많습니다. 좋은 아이디어가 나오기까지 실패를 두려워하지 않고 끊임없이 도전하고 시도하는 것이 필요하다고 생각합니다.

Q.

덕양 춘포문화장학재단이 만들어지게 된 계기에 대해서 말씀해 주십시오.

A.

아버님께서는 중학교 교육을 마치지 못하셨다가 최근에 중학교 졸업장을 받으셨습니다. 교육에 대한 미련이 있으셨던 아버지께서는 꼭 장학재단을 만들고 싶다고 하셨습니다. 저 역시 울산이 공업도시라는 회색의 이미지를 사람들이 가지고 있다고 생각하기에 교육·문화에 대한 인식을 바꾸기 위해 재단을 통해 노력을 하고 있습니다.

Q.

회사를 경영하시기 쉽지 않으셨을 텐데, 회장님의 어떤 장점이 경영하시는 데 도움이 많이 되셨는지 궁금합니다.

A.

합리적인 생각을 했을 때와 새로운 것에 참여를 할 때 의사결정을 빨리 하는 것이 저의 장점입니다. 빠른 의사결정에 앞서 주변의 의견을 많이 듣는 편입니다. 중역들로부터 의견을 많이 들어보고, 그 의견들 중에서 가장 좋은 의견을 채택합니다. 또 의사결정을 하는 데 있어 제가 제일 중요하게 생각하는 것은 '융화'인데, 융화를 통해 많은 사람들이 동참하고 오래된 직원들은 저를 신뢰합니다. 그리고 다른 하나는 창의적인 생각을 중요하게 생각하며 이러한 것들이 회사 경영에 많은 도움이 되었던 것 같습니다.

Q.

장점으로 의사결정을 말씀해주셨는데, 단점에 대해서도 궁금합니다.

A.

인간관계에서 그 사람이 가지고 있는 장점을 더 많이 생각하고 단점을 감싸주려는 경향이 있습니다. 이를테면 고졸이었던 직원 중 전무까지 승진한 직원이 있었습니다. 그 직원이 입사할 당시에 고졸이었는데, 며칠 뒤 직원의 상사가 그 고졸직원을 내보내는 게 좋겠다고 이야기를 하였습니다. 그래서 평소 그 직원의 회사생활을 주의 깊게 보고는 '이 친구가 우리 회사에 있는 게 좋겠다'고 판단하여 그 직원을 계속 고용했습니다. 이후 그 직원이 굉장히 열심히 일을 해왔고, 지금 현재는 경영인들 중에서 가장 합리적으로 경영하는 사람 중 한 명이 되었습니다. 저는 학업과 인간관계에 조언을 아끼지 않았고 나중에 그 직원도 자기 나름의 노력을 하여 대학원 석사과정까지 마쳤다는 소식을 듣고 뿌듯했던 기억이 있습니다.

Q.

오너경영체제와 전문경영인체제에 대해서도 어떻게 생각하시는지 말씀해 주십시오.

A.

자녀들에게 "회사에서 근무할 생각을 하지마라. 너희가 하고 싶은 것을 해라."라고 말합니다. 저를 포함해 많은 분들이 '경영을 잘할 수 있는 사람이 경영을 했으면 좋겠다'라는 생각을 가지고 있기 때문에 앞으로 회사 경영은 제 아들이 아닌 전문경영인이 운영해도 좋겠다고 생각합니다.

Q.

덕양 이덕우 명예회장님의 경영자로서의 모습과 평소 모습에 대해 말씀해 주십시오.

A.

애정과 애증이 겹치는 분이 이덕우 명예회장님 입니다. 아버지께서는 엄하셨지만 저를 참 아껴주셨고 사랑을 많이 주셨습니다. 형이 어릴 때부터 몸이 안 좋았습니다. 그래서 저랑 초등학교를 같이 다녔는데, 제가 장남 역할을 계속 해왔기 때문에 그런 부분에서 제가 아버지로부터 사랑을 많이 받았다고 생각합니다. 저에게 많은 가르침을 주셨습니다. 남을 배려하는 방법이라든지, 서로 도우며 살아야 한다는 얘기 등을 많이 해주셨습니다. 회사를 경영하실 때에는 많은 중역들과 협력해서 회사를 일구어 오셨고 고생도 많이 하셨습니다. 그런 모습을 보고 배워왔기에 현재 회사경영에 많은 도움이 된 것 같습니다.

Q.

위험물을 취급하는 회사로서 안전에 대해서 어떻게 생각하는지와 위험물 관리하는 부분에 있어 어떤 부분을 제일 신경 쓰고 있는지에 대해 말씀해 주십시오.

A.

액화탄산가스는 현재 우리나라에서 약 3번째 큰 규모로 운영하고 있습니다. 액화탄산가스의 사용처가 상당히 많습니다. 우리나라에서 이산화탄소를 제일 많이 쓰는 분야가 조선업이며, 특히 현대중공업에서 이산화탄소를 많이 사용하고 있는데 이산화탄소를 공급하기 위해 순도관리를 잘해야 합니다. 이산화탄소는 용접할 때 산소를 차단해주는 차폐용 가스로 사용됩니다. 오래전부터 반도체용 가스를 취급했었고, 저희 회사가 삼불화질소를 국내 최초로 도입했습니다. 현재 반도체용 가스 시장은

1조원 이상에 달합니다. 반도체용 가스는 굉장히 위험한데 노출될 경우 불이 붙기도 하고 독성가스도 많이 내뿜어서 안전관리에 굉장히 많이 신경을 써야 합니다. 현재 우리 회사는 '안전이 최고의 경영이다'라는 안전경영방침으로 운영하고 있습니다.

Q.

대부분의 사람들은 수소폭탄의 위험한 이미지 때문에 수소는 위험하다는 생각을 가지고 있습니다. 앞으로 수소연료 전지차를 상용화 하려면 수소가 위험하다는 인식이 변화해야 합니다. 인식을 바꾸기 위해서 어떠한 노력을 하고 계신지 말씀해 주십시오.

A.

앞에 언급했던 큰 사고 이후 수소카트리지를 튜브트레일러로 당기지 못하게 하는 장치를 개발하였습니다. 그 외에도 안전 장치에 내해 연구개빌 및 테스드를 하며 인전에 대해서는 최우선으로 생각하며 철저히 관리하고 있습니다. 참고로 안전공사 홈페이지에 보면 수소의 안전성에 대한 홍보와 함께 여러 가지 참고자료를 확인하실 수 있습니다.

Q.

덕양에서 '저수밸브'를 개발하셨다고 알고 있는데, 수소분야가 아닌 환경 등 다른 분야에도 관심을 가지고 계시는지 궁금합니다.

A.

오래전 반도체용 가스를 한국에 제일 처음에 수입하던 당시, 앞으로 반도체 가스 산업이 엄청나게 성장할 것이라고 생각해서 삼불화질소를 반도체용 공정에 사용하는 장비들을 공급하기도 하고 다양한 시도를 해봤습니다. 그 중의 하나가 물 저감장치인데, 앞으로의 유망 산업 중 하나가 환경산업이라고 생각을 하다보니까 저수 밸브를 개발하게 되었습니다.

Q.

돈에 대한 가치관과 부에 대해 어떤 시각을 갖고 있는지 궁금합니다. 또 앞으로 본인의 사생관, 즉 생의 종멸에 대해서 어떠한 대응과 준비를 하고 계시는지에 대해 말씀해 주십시오.

A.

돈에 대한 관념은 '돈은 적당히 있으면 된다'입니다. 돈은 상선낙수의 개념으로 흘러 들어와서 멈췄다가 가는 것이라고 생각합니다. 어릴 때 가정형편이 좋지 않아서 비가 새는 집에서 살았었지만, 지금은 엉뚱하게 누굴 도와주기도 하고 연구하는 데 쓰기도 합니다. 사생관에 대해서는, 모든 것은 살아 있고 모든 것은 변화한다고 생각하기 때문에 사람은 죽으면 변화해서 다른 에너지가 된다고 생각합니다. 저는 이 책상도 살아 있다고 생각합니다. 책상이 분자운동을 하고 있다고 생각합니다. 왜냐하면 서로 응력을 가지고 뭉쳐 있어 서로 에너지를 밀고 당기고 하는 것이 다 살아있기 때문에 그렇지 않나 하는 생각을 가지고 있습니다.

10

신뢰와 현장을 중시하는 골키퍼 리더십

2019년 11월 9일 강연

삼성중공업(주) 사장

남준우

주요 약력

1958년	경상남도 창녕 출생
1984년	울산대학교 조선공학과 졸업
1983년	삼성중공업(주) 입사
2009년	PM팀장(상무)
2010년	고객지원팀장(상무)
2012년	시운전팀장(상무)
2013년	고객지원담당 전무
2014년	안전품질담당 전무
2014년	외업1담당 전무
2015년	생산1담당 전무
2017년	거제조선소장(부사장)
2018년	대표이사 사장

리더십 포인트

긍정적 자세, 책임감, 친화력으로 얻은 신뢰의 리더십

대학 졸업 후 대기업에 취업하는 것만도 어려운데 극소수의 사람만이 오르는 대기업 CEO의 자리는 어떻게 살아온 사람들의 몫일까? 울산대학교 조선공학과를 졸업하고 삼성중공업(주)에서 CEO가 된 남준우 사장의 학창시절은 우수한 학업성적을 기록했지만 그것만으로 오늘의 각별한 성공이 설명될 정도는 아니다. 그래서 어떠한 리더십이 그를 대기업 CEO로 이끌었는지가 궁금해지고 그것은 미래를 준비하는 젊은 학생들이나 교육혁신을 요구받는 교육자들에게 좋은 참고가 될 것이다.

1. 긍정적 자세

어려운 가정형편에 대학에 다니면서도 좌절하기보다는 조선소에서 선박수리 아르바이트를 하는 등 전공분야 실무를 챙기며 미래를 준비하는 긍정적 자세가 돋보인다. 이러한 성향은 입사 후에도 나타나 늦도록 임원 승진에서 소외되었을 때도 불평보다는 묵묵히 자신의 실력을 쌓으며 맡은 바 임무에 최선을 다하는 모습에서 성공은 욕심내기보다는 준비하는 자의 몫이라는 평범한 진리가 떠오른다.

2. 책임감

책임지는 일은 의지로만 되는 것이 아니고 문제 해결에 필요한 역량을 갖추었을 때만 가능하다. 남 사장은 이 점을 중시하여 자신이 맡은 일의 본질 파악과 문제 해결에 필요한 핵심기술 확보에 끊임없이 노력하는 실천적 책임감을 가지고 있다.

3. 친화력

권위보다 값진 것이 친화력이다. 사원들과 항상 낮은 자세로 소통하고 애환을 함께하여 그들이 주인의식을 가지고 일하는 분위기를 만드는 것이 생산성 향상의 첩경이다.

이상의 요소들로 인해 동료들에게 신뢰를 얻어 회사의 경쟁력을 높이고, 이런 환경에서 생산한 고품질의 상품을 합리적인 가격에 제공함으로써 고객들에게도 신뢰를 얻게 되고 이것은 자연스레 회사와 자신의 성공으로 이어지는 것이다.

박치모 명예교수

직원이 사장처럼 일하면 회사는 발전한다

1983년 삼성중공업에 입사하여 사장이 되기까지 34년이 걸렸습니다. 올해로 사장 취임 2년차이고 12월 5일이 되면 입사한지 36년이 됩니다. 저는 대학졸업 후 제 인생 전체를 삼성중공업에서 보낸 사람입니다.

경남 창녕에서 태어나 어린 시절을 유복한 가정에서 잘 자랐습니다. 아버지께서 양조장을 운영하셔서 경제적으로 괜찮은 집안이었습니다. 초등학교 5학년 때 아버지의 권유로 부산으로 유학을 갔습니다. 3년 전 부모님을 떠나 먼저 부산에서 학교를 다니고 있던 형과 함께 생활을 했습니다. 처음에는 하숙을 했지만 점차 하숙비가 부담이 되어 자취를 했고 누나, 고모 댁에서 생활하기도 했습니다.

그렇게 보내던 학창시절 고등학교 1학년 때 세 살 위의 작은 형이 급작스럽게 세상을 떠나는 불행한 일이 들이닥쳤습니다. 저희의 부산 생활에 큰 도움을 주던 삼촌께서 암에 걸리셨다는 소식을 듣고 문병을 다녀오던 형이 도중에 교통사고를 당하게 된 것입니다. 고등학교 1학년인 저에게 굉장한 충격이었습니다. 아버지께서도 당시 부산 명문고를 다니던 아들의 갑작스러운 죽음으로 힘든 시간을 보내시다가 제가 고등학교 2학년 때 중풍으로 쓰러지셨습니다. 저는 형님을 잃은 슬픔을 간직한 채 편찮은 아버지 약을 지으러 매주 장거리를 오가는 등 병간호까지 도맡아 하며 어려운 시절을 보냈습니다.

울산대 조선공학과를 지원하게 된 경위는, 고등학교 시절 우연히 TV에서 울산 현대중공업 조선소의 현장 모습이 방영되는 것을 보게 된 것이었습니다. 거대한 크레인이 블록을 옮기는 장면을 보는 순간 '내가 조선업을 해보면 좋겠다. 나중에 졸업을 하면 저기에서 내 인생의 승부를 걸어 보고 싶다.'라고 생각했습니다. 제가 대학을 진학할 당시에는 전국에 조선공학과가 서울대, 부산대, 인하대, 울산대 4개 밖에 없었습니다. 부산대학교에 1차 지원하였다가 낙방하여 차선으로 울산대학교에 입학하게 되었습니다. 재수를 할 집안 형편이 아니었기 때문에 울산대학교에 진학하여 인근에서 자취를 하며 대학생활을 시작했습니다. 그 당시 조선업은 유럽과 일본을 거쳐 한국이 곧 호황을 누릴 것이라는 예상을 하며 '내가 열심히 하면 대한민국 조선 산업의 역군이 될 수 있다'라는 포부를 가지고 조선과에서 꿈을 키워 나갔습니다. 어려웠던 고교시절의 연장처럼 대학교 1~2학년 생활이 무기력해질 무렵 병영체험을 하게 되어 전투경찰에 관심을 가지게 되었고 자원입대를 했습니다. 제대 후 '남은 2년 동안 열심히 공부해서 삼성중공업, 대우조선해양, 현대중공업 중 한 회사에 들어가지 못하면 앞으로 삶이 녹록치 않겠다'라는 생각과 '집안 사정이 좋지 않아 도움을 받을 수는 없으니 스스로 하루 빨리 자립해야한다'라는 절박한 마음으로 취업준비에 매진하게 되었습니다. 당시 한진중공업에 직업훈련소가 있었는데 조선 관련 일을 하려면 용접 등 현장 실무경험이 도움이 되지 않을까 하는 생각으로 지원하게 되었습니다. 2개월 동안 용접 실무를 익힌 후 실제 용접을 하는 곳에서 실력을 발휘할 기회를 얻게 되었습니다. 그러나 개인적인 사정으로 3개월 과정을 끝까지 이수하지는 못했습니다. 이후 주변 지인으로부터 정보를 얻어 부산의 신발 공장에서 밑창 찍는 일을 경험하게 되었습니다. 공장은 12시간 교대로 아침 8시에 출근하여 저녁 8시에 교대하고 일주일간 일하면 다음 주는 야간교대 근무를 하는 고된 일이었습니다.

졸면서 하는 야간 근무는 안전사고의 위험이 있어 실수로 손가락 부상이라도 당하게 되면 큰일이겠다는 염려로 1달 근무를 끝으로 그만두었습니다. 세 번째 실무 경험은 선박을 수리하는 일이었는데 당시 아침 8시에 출근하면 저녁 10~11시에 퇴근을 하는 장시간 근무였고 기름때에 찌든 제 모습을 보며 안타까운 생각과 걱정이 밀려왔습니다. 늦은 저녁 버스를 타고 퇴근할 때에는 옷과 손톱에 새까만 기름이 묻은 나의 처량한 모습이 혹여 아는 사람 눈에 띄지나 않을까 하는 우려도 했습니다. 여러 가지 경험을 통해 얻은 결론은 공부가 제일 쉬운 것이라는 깨달음이었습니다. 대학교 3학년부터'이제 목숨 걸고 공부하지 않으면 취직도 못하고 정말 끝이다'라는 생각으로 학업에 몰두하였습니다. 1984년도 대학을 졸업할 무렵에는 조선업이 호황이었기에 대부분의 학생들이 여러 회사 중 선택해서 순조롭게 취업할 수 있었습니다. 삼성중공업 입사 당시 면접에서 "울산대학교 출신이 현대중공업에 지원하지 않고 왜 삼성중공업에 지원하게 되었느냐?"라는 사장님의 질문에 "현대중공업은 대규모 조선소 특성상 부분적인 일만 경험할 수 있기 때문에 개인역량을 키우는 데 한계가 있습니다"라고 답변을 했고, 이후 삼성중공업에 입사를 하게 되었습니다.

입사 후 첫 근무 부서는 시운전부였고, 그 후 PM에서 업무를 배웠으며 배에 대해 조금 더 깊게 알고 싶어 보증기사로 자원 승선하기도 하였습니다. 보증기사란 선박 인도 후 하자 보증을 위해 일정기간 승선하여 선원의 업무를 도와주는 일을 하는 사람입니다. 저는 거제에서 출발해 90일 동안 일본~미국~영국을 항해를 하는 경험을 하게 되었습니다. 노르웨이 선박이었는데 15명이 노르웨이 국적의 선원이었고 한국인은 저 혼자였습니다. 비바람이 몰아칠때는 두렵기도 했

고 이런 험난한 일을 선택한 데 대해 후회도 많이 했습니다. 지금 생각해보면 90일 동안 홀로 보증기사로 항해를 한 것은 대단한 모험이었고, 직장생활에서 큰 터닝 포인트가 되었습니다. 이후 다시 시운전부로 복귀해서 근무하다가 1991년부터는 LNG선 개발팀에서 근무를 하게 되었습니다. LNG선 개발팀에서의 7년 경험과 시운전 부장으로서 연간 10척의 LNG선을 인도한 경험도 있습니다.

2008년도부터 좋지 않던 조선업 경기가 현재까지 연속입니다. 그에 반해 올해 삼성중공업의 수주 실적은 상당히 좋아지고 있는 상황입니다. 사장의 역할 중 가장 중요한 것은 기술을 확보하는 것이라고 생각하며, 이러한 기술력을 기반으로 하여 작년부터 수주에 매진하고 있습니다. 영업에 있어서는 기술, 안전, 가격, 선주와의 신뢰가 관건이고 배에 문제 발생 시 확실한 서비스를 제공할 것에 대한 조선소와 선사 간 믿음이 중요하며, 특히 사장이 모든 일에 직접 나서서 신뢰를 주는 것이 중요하다고 생각합니다. 이러한 고객과의 신뢰가 가져온 좋은 사례로 그리스회사 선주의 LNG선 35척 중 32척이 삼성중공업에서 만든 배이며 이러한 신뢰를 바탕으로 수주가 반복되는 경우가 자주 있습니다.

조선업에서는 CEO의 역할과 고객과의 신뢰가 제일 중요하다고 생각합니다. 사장이 되고 나서는 결정의 순간들이 많이 생기는데, 결정을 할 때는 2가지의 선택지에서 최선을 선택하는 것과 최악을 방지하는 것 중에 결정을 하게 됩니다. 최선을 선택하는 결정은 쉽습니다. 설령 결정을 잘못하더라도 차선책이 있기 때문입니다. CEO의 최대 고민은 최악을 방지하는 결정을 어떻게 할 것인가 입니다. 취임한 지 2년 남짓 되었지만 이러한 상황이 닥치면 잠을 못 이룰 정도로 많은 고민을 하게 됩니다. 한 가지 예로 지난해 LNG 시장의 성장을 예상하여 테스트 장비 설치에 약 400억의 투자 여부를 결정해야 하는 상황이 있었습니다. 고민 끝에 결국 투자를 결정하여 진행하고 있으며 내년 이맘때쯤에는 새로운 장비를 활용하여 연구원들이 테스트하는 모습을 기대하고 있습니다. 또 작년에 삼성중공업은 LNG선 15척을 수주했습니다. 향후 목표는 기술적으로 차별화된 경쟁력을 가지고 LNG관련 value chain에 있어서 타의 추종을 불허하는 회사를 만들어야겠다는 포부가 있습니다. 미래는 화석 연료 사용이 제한되기 때문에 LNG, 바이오, 암모니아, 하이드로젠 등의 대체연료를 사용해야 하므로 조선업의 큰 기회이자 변화가 찾아올 것으로 생각합니다. 앞으로 결정의 순간들이 많겠지만 지혜롭게 잘 해낼 것이라고 믿습니다.

요즘과 같이 기업의 사회적 가치와 책임이 강조되고 있는 시대에 삼성중공업도 이러한 사회적 책임을 분담하기 위해서 사랑의 김장나누기, 농촌 일손 돕기, 방과 후 교육 등 많은 사회공헌 활동을 하고 있습니다. 거제시 인구의 약 10%가 삼성중공업 직원이며 약 50~60%가 직·간접적으로 조선업에 연관되어 있습니다. 조선업의 경기가 어렵다보니 거제시는 침체되어 있는 분위기입니다. 잃어버린 활기를 되찾아주는 것 또한 기업의 사회적 책임이 아닐까 생각합니다. 기업이 지역사회의 발전에 기여하고 근본적으로 사회에 대한 책임의식을 가져야 한다고 생각합니다.

조직을 이끌면서 리더십에 대한 고민을 많이 했습니다. 구조조정으로 함께 일했던 직원들이 회사를 떠날 때, 회사에 막대한 적자가 발생하는 상황, 직원들이 자신감을 잃은 상황 등에서 리더가 어떠한 역할이 해야 하는지에 대한 판단이 제일 어렵다고 생각합니다. 리더는 비전을 제시할 수 있어야 합니다. 조직원들과 문제점을 공유하고 리더의 결정과 비전을 믿고 같은 방향으로 함께 가는 분위기를 만들어 가는 역할을 하는 것이 리더의 책무라고 생각합니다. 리더를 믿고 따라야 조직이 성장하고, 공정한 평가의 기회가 주어지고 그에 따른 적절한 보상이 수반되어야 조직이 건전하게 성장할 수 있습니다. 직원들에게는 회사가 올바른 방향으로 나아갈 수 있도록 동기부여가 되는 말을 많이 합니다. 다만 동기부여를 할 때 2가지 유형의 사람은 경계합니다. 첫째는 근거 없는 낙관론을 가진 사람입니다. 근거 없이 하는 '몇 년 후에 잘 될 거야'와 같은 생각은 굉장히 위험합니다. 두 번째는 일어나지 않은 일에 대해 대책 없이 걱정만 하고 있는 사람입니다. 이와 같은 유형의 사람과는 대화와 토론을 통해 닫힌 생각에서 벗어날 수 있도록 조언을 많이 합니다. 저는 '책임은 내가 지겠다'라는 말을 자주 하는 편입니다. 제가 생각하는 '책임'이란, 지시한 사항에 대해 일이 잘못된 경우 책임을 묻기보다는 직원에게 인사나 급여 등에 불이익이 생기지 않도록 하며, 끝까지 나를 믿고 따라올 수 있도록 동기부여를 하는 것입니다. 누차 언급하였지만 실행이 가장 중요하고, 직원들이 걱정하지 않고 바로 행동할 수 있게 하는 것이 조직을 이끌어가는 리더십입니다.

저는 직원들에게 먼저 다가가는 형님스타일이라고 생각합니다. 시운전 부장 시절, 약 250명 직원이 있었는데 이들은 시운전 승선으로 보름 동안 집에 가지 못하는 경우도 종종 있었습니다. 이럴 때는 저녁 술자리에서 직원들과 가족, 자녀 얘기 등을 나누며 편안하게 소통했습니다. 일부는 관리자로서의 '권위가 무너졌다'라고 평가하기도 합니다. 하지만 자기 자신을 낮추고 직원에게 먼저 다가가는 것이 현장을 중시하고 근본대책을 찾는 더 큰 리더십이라고 생각합니다.

저는 배를 만들면서 제일 중요한 것이 계약서라고 생각합니다. 계약서에 잘못된 부분은 나중에 수정이 어렵습니다. 사람들은 현상에 대해서만 관심을 갖고 근본적인 원인에 대해 잘 알지 못합니다. 계약서상의 품질기준 등을 꼼꼼히 점검하고 잘못된 부분을 사전에 고치는 것은 골키퍼로서의 중요한 역할입니다. 축구경기에서 골키퍼가 잘하면 적어도 비기는 상황이 됩니다. 그래서 사장이 마지막에 골키퍼의 역할을 제대로 해야 한다고 생각합니다. 또한 낮은 자세로 먼저 다가가고 스스로를 부족하다고 생각하고 항상 타인을 존중하고 더불어 사는 것입니다. 문제점이 있다면 그 문제에 대해 토론하고, 반론을 제기하는 것에 대해서도 충분한 논의 후 마지막 결정에 대해서는 나를 따르게 하는 것이 제 리더십의 장점이라 생각합니다.

삼성중공업 역사에 부장을 9년 하고 임원이 된 사람은 제가 유일합니다. 원래 부장 5~6년차가 되면 임원이 되거나 부장으로 끝나는 경우가 대부분인데 시운전부장 9년 하면서 어렵게 51세에 임원이 되었습니다. 임원이 되면서 사장님과 대화의 기회가 많아지고, 결정을 해야 하는 상황도 많아졌지만 시운전 부장 9년의 경험이 결정을 하는 데 많은 도움이 되었습니다. 이후 5년 만에 전무가 되었고 전무

2019년 LNG 실증 설비 착공식에 참석한 남준우 사장

3.5년, 부사장 6개월 만에 사장이 되는 초고속 승진을 하게 되었습니다. 임원이 되기 전에는 '내가 뭘 잘못하고 있는가?'라는 생각을 자주 했지만 임원이 되면서 소신대로 일을 할 수 있게 되었습니다.

대학생들에게 꼭 들려주고 싶은 얘기가 몇 가지 있습니다. 첫째, 영어를 잘했으면 좋겠다고 생각합니다. 3개월 동안 미국어학연수를 다녀오면서 영어는 잘하면 잘할수록 본인에게 이점이 많다는 생각을 하게 되었습니다. 외국인과 업무에 대한 대화를 나누면서 자신의 의견을 정확하게 전달할 수 있을 정도로 잘하면 좋겠다고 생각합니다. 앞으로 어학능력은 다양한 분야에서 도움이 될 것이라고 생각합니다. 둘째, 선진국으로 견학을 많이 가보는 것을 추천합니다. 유럽 등 세계 각국 여행 등의 체험을 통해 글로벌 마인드를 갖는 것이 중요하다고 생각합니다. 셋째, 낚시, 악기 등 정말 좋아하는 취미활동이 있었으면 합니다. 살아가면서 스트레스를 많이 받는데 미치도록 좋아하는 것이 있다면 스트레스를 해소하는 데 많은 도움이 되지 않을까 생각합니다. 저는 색소폰을 취미로 연주하는데 스트레스가 많은 날에는 방에서 반주기를 틀고 한 시간 정도 연주하면 기분이 좋아집니다.

많은 분들이 '어떻게 하면 사장이 되느냐?'고 질문을 하는데 두 가지를 말씀 드리고 싶습니다. 첫 번째는 '절대로 본인의 한계를 만들지 마라'는 것입니다. 두 번째는 '모든 일을 사장처럼 해보라'는 것입니다. 저는 생산담당 업무를 할 때도 일이 잘못되었을 때는 '회사가 잘못되면 어쩌지?' 하는 걱정을 많이 했습니다. 지금 생각해보면 제가 할 걱정이 아니었음에도 매일 긴장하고 걱정하며 살았던 것 같습니다. 무엇이든 도전하고 끝까지 하면 된다는 생각과 그에 따른 정신 건강과 육체적 건강도 중요합니다. 과거 희망하던 부산대학교는 진학하지 못했지만 울산대학교에 입학해서 졸업을 하고 이 자리에 지금 설 수 있다는 것이 매우 자랑스럽습니다.

질의 응답

Q.

학생들은 직장이나 회사에서 어떻게 생활하는지 많이 궁금해 합니다. 특히 신입사원이 어떠한 창의력을 갖춰야 하는지와 조직에서 어떤 능력을 원하는지에 대해 말씀해 주십시오.

A.

최근 <1990년대생이 온다>라는 책이 출간되었습니다. 요즘 젊은 사람들은 살아온 환경이 저희 때와 다르기 때문에 생각 역시 많이 다르다고 생각합니다. 불행히도 저희는 몇 년 동안 회사 사정으로 신입사원을 한 명도 채용하지 못했으나, 올해는 75명의 채용 계획이 있고 내년에는 더 많은 인력을 채용할 예정입니다. 신입사원을 채용할 때 가정환경에 문제는 없는지, 다른 사람과 잘 어울릴 수 있는지 등 인성에 대한 면을 중요하게 고려합니다. 신입사원으로 입사해 1~2년 사이에 그만두는 직원이 대략 20% 정도 됩니다. 스마트 기술을 접목하여 세상에 없는 배를 만들어야 하는 상황이어서 신입사원의 새로운 아이디어가 있다면 배척하지 않고 적극적으로 아이디어를 수용하도록 분위기를 만들려고 노력합니다. 지시하는 것만 하려는 직원들이 있는데 분위기를 바꾸기 위해 <1990년대생이 온다>는 책을 나눠주고 독후감을 내라고 한 적도 있었습니다. 또 연구소에서 근무하는 경우 아무도 생각하지 못한 것을 연구해야 하기 때문에 새로운 아이디어를 요구하고 있고, 만약 제안하지 못한 아이디어가 있다면 직접 사장에게 제안할 수 있도록 분위기를 조성하고 있습니다.

Q.

신뢰, 주인정신, 실행력, 현장중시, 책임감 등 몇 가지 강조하신 개념은 어느 시절에 정립되었다고 생각하시는지 말씀해 주십시오.

A.

대학 졸업 후 취직을 해야 결혼도 하고 가정을 꾸려 갈 텐데 삼성, 대우, 현대와 같은 좋은 회사에 취직해야 한다는 절박함 때문에 대학교 3~4 학년 동안 열심히 노력해서 입사했습니다. 또 신입사원 때 배를 전체적으로 관리하는 일을 하다 보니, 내가 하나 잘못하면 회사에 큰 피해를 주고 조직에도 해를 줄 수 있다는 생각을 했었고 맡은 바 최선을 다해야겠다는 생각을 하게 된 것 같습니다.

Q.

어려운 집안환경, 힘든 학창시절, 9년 동안 만년부장을 하시는 등 살아오는 동안 어려움이 많으셨을 텐데, 그런 어려움에도 불구하고 자신에 대한 확신을 가지고 자신이 생각하는 옳은 방향, 발전 방향으로 정진할 수 있었던 동기가 무엇인지 말씀해 주십시오.

A.

삼성중공업에서 2년 만에 차장에서 부장으로 진급되어 최연소 부장이 되었습니다. 남들보다 부장으로 일찍 진급하다보니 상대적으로 부장을 오래 하게 되었습니다. 보통 부장 5~6년차가 되면 임원이 되는데 동기 중 몇몇은 저보다 3~4년 먼저 임원으로 승진하였습니다. 부장 6년차 되던 해 12월 회사에 큰 사고가 생겼습니다. 시운전부 직원의 실수로 보일러에 화재가 발생하였고 이로 인해 회사는 수백 억 정도 피해를 입게 되어 관리자인 제가 책임을 져야 했습니다. 진급을 코앞에 두고 있는 상황이었는데 큰 사고를 친 사람에게 임원을 시킬 수 없다는 등의 의견에 부딪쳐 그 해에도 결국 진급을 하지 못했습니다.

부장 7년차, 8년차를 지나고 끝까지 버틴 결과 9년 만에 임원이 되었습니다. 사장님이 제일 먼저 전화를 해서 '정말 오래 기다렸고 너도 참 질기다. 나 같으면 벌써 나갔다.'라는 말을 첫 인사로 건넸습니다. 저를 잘 챙겨주시고 꾸중도 많이 하셨는데 한해 두해 기다리다 보니 그런 상황이 되었습니다. 힘들지만 지금 생각해보면 잘 기다렸다는 생각이 듭니다.

Q.

과거를 돌이켜 보면서 어떻게 미래를 준비해야 하는지에 대해 말씀해 주십시오.

A.

해양 프로젝트 사업에서 설계 능력이 없는 프로젝트는 절대 진행하지 않아야 된다고 생각합니다. 과거에 설계를 엔지니어링 회사와 계약하여 진행하였는데 도면이 늦게 완성되면서 인도지연금으로 고객사에게 많은 위약금을 지불해야 했습니다. 또 완성되지 않은 도면으로 기한 내 납기를 맞추기 위해 많은 인력을 투입하는 등 과거 설계능력 부재로 막대한 피해가 있었습니다.

그러므로 '회사의 능력은 설계 능력이다'라고 다시 한 번 강조합니다. 현재 4건의 해양프로젝트를 진행하고 있는데 별 문제

없이 진행되고 있습니다. 최근에 수주한 배의 경우 모두 자체 기술로 설계를 합니다. 우리는 향후 자력설계가 가능한 LNG운반선 등 5종류의 선박과 2~3기의 해양 프로젝트에 집중해서 경쟁력을 확보하며 우수 설계인력을 충원해서 남보다 앞선 기술력으로 선택과 집중을 하는 것이 유일한 생존 전략이라 생각합니다. 그러지 않으면 살아 갈 방법이 없다고 생각합니다.

Q.

대한민국의 조선업계가 과거의 영광을 되찾기 위해 앞으로 스마트기술, 친환경 기술 등에서 중국의 추격 압박을 이겨내고 선두를 유지할 전략을 가지고 있는지 궁금합니다.

A.

2020년 1월 1일부터 국제해사기구(IMO)의 선박연료 황함량 배출 기준강화로 황산화물 배출을 3.5%에서 0.5%로 감축해야 합니다. 황함량을 감축하기 위해서는 3가지 방법이 있는데 MGO연료 사용, 스크러버 장비 설치, LNG연료 사용이 그것입니다. 선주는 이 중 한 가지를 선택해야 합니다. MGO 연료는 황함량이 적은 연료이지만 가격이 비싸고, 스크러버는 여러 가지 면에서 효율성이 떨어지기 때문에 대세는 LNG추진선입니다. 그러나 LNG도 탄소 배출이 되기 때문에 20~30년 사용 후에는 암모니아, 배터리, 바이오 등의 연료로 대체될 것이며 이에 대한 준비도 추진하고 있습니다.

요즘 화두가 제로 이미션(zero-emission)입니다. 제로 이미션은 되돌릴 수 없이 가야할 길이기 때문에 학계나 포럼에서 전 세계의 선사들이 모여서 자기들이 앞으로 선사를 어떻게 운영할 것인지 등에 관하여 논의하고 있고, 2~3년 안에 트렌드가 바뀔 것으로 예상하고 준비를 하고 있습니다. 제로 이미션은 이미 시작됐고, 여기에서 만약 기술력이 뒤처지면 도태하는 위기 상황입니다. 중국, 일본의 조선소들과 치열한 경쟁이 예상되며 기술력이 가장 중요합니다. 과거와 같은 영광은 다시 오지 않을 거라 생각하기 때문에 회사의 연간 매출을 안정적으로 유지하는 것이 중요하고, 좋은 기회가 오더라도 신중하게 결정하지 않는다면 또 다른 위기가 찾아올 수 있다고 생각합니다.

Q.

최근 조선업계를 보면 현대중공업과 대우조선해양의 합병 논의가 진행 중이고, LNG 시황이 좋아서 여러 회사가 LNG선 사업에 집중하고 있는 것 같습니다. 현대중공업과 대우조선해양의 합병을 가정했을 때, 삼성중공업은 어떤 노력을 해야 하는지에 대해 말씀해 주십시오.

A.

첫째, 향후 한국과 중국의 거대조선소와 경쟁해야만 하는 저희로서는 기술력에 있어서 경쟁회사들에 비해 절대로 뒤처지지 않아야 한다는 신념을 가지고 있습니다. 그러기 위해 R&D 조직과 인력을 강화하여 성능이나 효율 면에서 경쟁사를 압도해야 하며 둘째, 우리는 친삼성 고객이 있습니다. 작년에 배를 49척, 63억불을 수주했는데 앞으로도 이 고객사들과 긴밀히 협조하고 관계를 강화해서 우리 고객을 유지해야 한다고 생각하며, 그렇게 되기 위해서는 가격과 성능 그리고 영업 등의 전략을 잘 수립해야 할 것 같습니다. 셋째, 앞으로도 해양플랜트 사업에 집중할 생각입니다. 몇 년 동안 수주가 없거나 실적이 저조한 경쟁사와 달리 삼성중공업만 4개의 해양프로젝트를 진행하고 있고 올해도 한화 1조 정도의 수주를 했으며 내년에도 계속 수주에 뛰어들 것입니다. 해양플랜트 사업은 사업규모가 크기 때문에 적절한 이익을 얻기 위해서는 이 사업에 집중해야 하며, 조속한 자체 설계 역량 확보를 위해 최선의 노력을 경주할 것입니다. 감사합니다.